目　录

跳水篇

花样游泳篇

跳 水 篇

第一章

概 述

跳水是一项优美的水上运动，它是从高处用各种不同形体跃入水中或是从跳水器械上起跳，在空中完成一定的动作姿势，并以特定动作入水的运动。跳水运动要求有空中的感觉、协调、柔韧性、优美、平衡感和时间感等素质。

跳水运动包括实用跳水、表演跳水和竞技跳水。竞技跳水是一项由个人参加的竞赛项目，由于技术难度大，运动员动作干净利索，姿势优美，因而深受广大群众的喜爱，但由于其专业程度较高，练习难度较大，如果没有专业指导，水平提高很困难。本章以介绍基本常识、一般特点、比赛方法和规则等方面为主，对跳水运动进行介绍，希望对青少年朋友参与和欣赏这项运动有一定帮助。

第一节 起源、沿革及奥运发展史

一、跳水运动的起源

跳水(Diving)运动是人类在同自然界斗争中，伴随着游泳技能的发展而产生的一个运动项目。人类在掌握了游泳技能之后，就开始有了简单的跳水活动。

在英国伦敦大不列颠博物馆里，陈放着很多记录古代人们生产和生活的文物，其中有一只陶质花瓶，这是公元前500年时期的一件文物，花瓶上描绘着一群可爱的小男孩，正头朝下作跳水的姿势。这是迄今为止见到跳水运动最早的图像。

图 1-1 英国伦敦大不列颠博物馆

意大利南部由古希腊移民建造的帕埃斯图姆神殿中，保存了一幅壁画，描绘了一个赤身裸体的跳水者纵身跳入蓝色大海中的情景，人们把这幅壁画叫作"跳水者之墓"，猜想可能是描绘跳海自杀的情形。但从起跳的高台、优美的空中动作看，这完全可以媲美后世的高台跳水。

图 1-2　帕埃斯图姆神殿中保存的古希腊壁画"跳水者之墓"

二、中国古代的跳水

我国至少在唐代就已经出现了有一定水平的跳水运动。唐人赵璨的《因话录》记载：洪州（今南昌）人曹赞能在"百丈樯上，不解衣投身而下，正坐水面，若在茵席"。这可看作是我国早期的跳水运动。以文字记载下来的对花样跳水的最早描述出现在宋人孟元老的《东京梦华录》中。卷七《驾幸临水殿观争标锡宴》一章中说徽宗赵佶每年 3 月，通常会选在 20 日驾幸皇家水景园林金明池内的临水殿观龙船争标。开赛之前殿前泊有两艘画船，船上立着秋千，船尾有伎人做各种杂技表演，旁边又有一些禁卫军官兵击鼓吹笛助兴。然后一人现身登上秋千，稳稳荡起，越荡越高，当荡到身

图 1-3　开封市的"水秋千"表演

体与秋千的横架差不多平行时,突然腾空而起,弃秋千而出,在空中翻越几个筋斗,最后掷身入水。这个项目被称为"水秋千"。北宋王珪有一首宫词中就描写了这样的两队"水秋千"竞技,宫人内眷争相观看的情景:"内宫稀见水秋千,争擘珠帘帐殿前,第一锦标谁夺得,右军输却小龙船。"

这种"水秋千"其实比现代跳水难度系数更高,也更惊险。起跳处不是固定的跳板,而是飞荡在空中不断活动着的秋千板,对起跳时机的把握有非常严格的要求,因此观赏价值也很高。

三、现代跳水的起源

17 世纪时,在斯堪的纳维亚半岛、地中海、红海一带的港湾,不少码头工人、船工和渔民就盛行在陡峭的岸上、桅杆上跳水。

现代花式跳水起源于德国。被誉为"花式跳水之父"的约翰·古特斯穆特斯(1759~1838 年)在他的《游泳艺术教科书》中,就介绍过德国哈雷地区盐场工人的跳水技术。另一位德国体育教育家在他 1853 年出版的《游泳和跳水》一书中,提出了 53 种原地跳水动作,22 种助跑跳水及 14 种其他姿势。17 年后(1870 年),在该书的修订版中,已罗列出一百多种跳水姿势和动作。可见,19 世纪跳水运动在德国已有了很大的发展。

在竞技跳水之前,跳水的好坏是以高度来衡量的。无论是跳简单的或复杂的动作,斯堪的纳维亚人都力求从更高的地方往下跳。又如美国人卓松,曾在 1871 年通往纽约的一座桥上往水里跳,其高度为 46 米。1900 年,瑞典运动员在第 2 届奥运会上作了精彩的跳水表演(exhibition diving)。一般公认这是最早的现代竞技跳水。

四、现代跳水运动的发展史

1904 年第 3 届美国圣路易斯奥运会上,跳水被正式列为竞赛项目之一。当时,只设男子跳台一项。美国选手德舍尔顿以 12.75 分荣获桂冠。

在 1908 年第 4 届奥运会期间成立的国际水上运动联合会,重新制定并通过了跳水竞赛规则,确定了 10 米跳台跳水的规定动作,又增加了跳板跳水项目,从而奠定了现代跳水比赛的基础。

1912 年第 5 届奥运会,女子第一次参加跳水比赛。从 1920 年第 7 届奥运会起,一直到现在,历届奥运会跳水比赛和国际性跳水比赛,都有男女跳板跳水和跳台跳水四个项目。

世界性的大型跳水比赛除奥运会外,还有世界锦标赛和世界杯比赛。1973 年在南斯拉夫卢布尔雅那举行了第 1 届世界游泳锦标赛,到 2009 年已举办了 13 届,每届都有跳水项目。

图1-4　第3届美国圣路易斯奥运会海报

图1-5　第5届伦敦奥运会海报

图1-6　第5届奥运会海报

1979年,国际泳联还创办了每两年举办一次的世界杯跳水比赛。

第二节　跳水运动的特点

跳水项目要求运动员在瞬间内完成所规定动作,因此具有很高的技巧性,同时其动作在展示的过程中还具有多变、多轴旋转的可观赏性。同时跳水项目由于其特殊的比赛设置和规则,也对运动员本身提出较高的心理要求。

一、美学特点

跳水运动相对于花样游泳而言,可以称为“空中芭蕾”,可见它是一项以表达“难”与“美”结合为目的的运动。它通过各种在空中的形体造型,达到彰显人体之美、运动之美和艺术之美的效果,就其美学而言包括:体型美、技术美、难新美、连接美、艺术表现美、同步美。

(一)体型美

体型美属于身体美的范畴,它是反映人体外在形态的一种美。体型美一方面受遗传的影响,也受后天社会环境的影响。身体的高矮,四肢长短、曲直受遗传因素影响较大,而身体的胖瘦、四肢的围度等方面受后天社会因素影响较大。跳水运动对体型有特殊的要求:五官端正,面部清秀;身材匀称,体态优美,身高适中;四肢比例适中,肩要求稍宽,骨盆细窄,臀部以小为佳;两腿笔直,膝关节平整,骨骼不能粗大,线条优美;踝关节形态要好;肩、髋、踝等关节灵活性、柔韧性强。

图 1-7 跳水运动员身形之美

（二）技术美

技术美是在完成动作过程中，符合力学原理和生理解剖的条件下，所能达到的最高技术规格。完成任何动作，包括基本技术、基本动作、基本难度动作和高难度动作，都存在技术美的因素，如跳水运动中各种高难度动作都以旋转和翻转构成，动作可以被当成一个立体轨迹上不同圆的结合，从而构成一幅组合有序的画面，而体现出技术的“美”。把最合理、最优美、最高规格的动作做出来就是技术美的重要表现。

图 1-8 跳水运动的技术美

（三）难新美

难新美是指高质量地完成那些新颖、高难、复杂的惊险动作和连接动作所表现出来的震撼人心的美感。难度是难美技能类项目的核心，是衡量运动实力的重要标志，是裁判员评分的重要内容之一。因此，运动员要不断地发展和创新高难度动作。但是，光有难度，不能做出稳定、高质量的动作，同样不能给人以美感，反而会使人担心害怕。我们要辩证地理解难新美的概念。

(四)连接美

连接美是指两个或两个以上动作之间的连接流畅圆滑，给人以耳目一新的美感。特别是那些难度级别较高的动作之间的连接越能给人以美的享受。跳水运动中,动作之间自然地转换,上下紧密结合,这样才能给人以不间断的美感。

(五)艺术表现美

艺术表现美是指运动员把编排的成套动作的美学价值艺术化地表现出来。它是运动员通过难度水平、技术质量、形体动作以及音乐、舞蹈、气质等方面的综合素质充分展示出来并达到最佳效果。在跳水运动中具体表现为运动员在成功完成一套动作中,动作和节奏的完美结合,给人以感官上的刺激,从而体会到人体极限的美的享受。

(六)同步美

同步美指在双人跳水中，互相配合，协同一致完成同一动作或同一类动作的美学特征。它要求运动员之间的配合非常默契，踏板、起跳、入水都要整齐划一，协调同步。①

图 1-9　双人跳水的同步美

二、跳水运动对运动员心理品质的要求

充足的自信是成功的保证。在学习动作的时候,信心能促使其更加顺利地完成动作。在比赛时,跳水运动员在赛前会产生焦虑和紧张,如果没有自信心,这样会导致动作的变形或失误,从而打破比赛的计划。再者,跳水运动的特殊性决定

① 姚侠文等."难美技能类"运动项目美学特征研究[J]中国体育科技,Vol. 39. No. 8, 2003

了,参加这个项目必定要对自己充满自信,对每个动作的完成都要充满自信和果敢。同时,在智能上还要具有丰富的想象力和创造力,能够善于分析和判断动作。[1]

图 1-10 每次跳水都是对运动员心理素质的考验

图 1-11 让中国队丢了金牌的天鹅装

趣闻:天鹅装让中国队丢了金牌

2004 年,雅典奥运会男子双人 3 米板决赛最后一轮动作,一个穿着"天鹅装"芭蕾裙的外国胖男人闯进了泳池,爬上 3 米板,迅速跃入池中。全场哗然,以为这是滑稽表演。即将上场的中国组合彭勃和王克楠却因此分散了注意力,王克楠动作失误,得到零分,"到手"的金牌拱手让出。更意外的是,此后出场的其他高手也都出现了重大闪失,让凭借东道主身份获得外卡资格参赛的希腊选手成功演绎了"希腊神话"。

第三节 跳水运动的发展趋势

一、中国跳水军团的优势

回顾 2008 年第 29 届奥运会,中国女队仍保持着整体实力上的优势,以郭晶晶、吴敏霞两位名将带领的中国女队,获得了包括女子 3 米双人板、女子 10 米双

① 池彬,王克楠.谈如何培养跳水运动员的良好心理素质[J].大众文艺,教育理论

人、女子3米跳板和女子10米跳台4枚金牌，同时以陈若琳、王鑫、林跃、火亮、何冲、秦凯等组成的新人团队在第一次参加奥运会就收获了3枚金牌，为我国跳水运动的后续力量增添了实力。我国在跳水项目上的优势由来已久，我国的优势集中在男、女单人3米板和10米跳台。我国连续3届夺得奥运会女子3米跳板的冠军，10米跳台第25、26届连续2届获得冠军，在2003年的第10届世界游泳锦标赛上郭晶晶又夺得该项目的金牌。男子10米跳台获得第25、27届冠军，男子3米跳板第26、27届奥运会连续2届冠军。① 纵观历史，可以发现我国跳水军团的优势依然存在，只要通过科学的选材和合理训练，我国跳水运动必定会在世界跳水史上写下绚丽篇章。②

二、跳水运动的普及性趋势

跳水运动的普及是多方面的，包括跳水作为运动项目在世界体育运动发展中和人们生活中的普及。前者的普及性是显而易见的，不管是第三届奥运会就开始的跳水比赛，还是在我国第1届全国运动会上涌现出的至今还活跃在"跳"坛的名宿，都可以看出跳水作为一个体育项目早已在世界普及。而在人们的生活中，跳水运动也无处不在，每年欧洲的一些国家都会举行以观赏为目的的跳水活动，人们站在高高的海崖之上寻求刺激，以各种各样可笑的姿势入水来博取欢笑，都体现了跳水运动在生活中的地位。在我国，跳水运动的群众基础较好，其原因主要是跳水作为优势项目迎合了大众的祖国荣誉感，从而有更多的人愿意了解和参与到这个项目。越来越多的家长愿意让自己的子女在早期进行一般的跳水训练，这不仅仅是为了获得荣誉，更多的是看重跳水运动能够在人的体型塑造、身体的柔韧性的发展以及果敢精神和创造力等方面所起的作用。当然，作为大众更多的时候是观看跳水这项运动，因为作为"力"与"美"的结合，跳水运动给人带来的不仅仅是激烈的竞技，更多的时候，人们愿意在观赏每次起跳时，运动员线条的一致，空中动作的多变，还有入水时那如蜻蜓点水般的冷静。随着传媒技术的快速发展，更多的跳水知识得到传播，人们也越来越熟悉这个项目，这也使得更多的人参与其中，享受其带来的乐趣。

---

① 高峰. 对我国跳水运动特点及其选材与训练的相关性研究[J]. 南京体育学院学报，2000（4）：98－99.

② 李思民. 我国奥运会优势竞技体育项目的竞争态势分析[J]. 安徽体育科技，2003(12)

图 1-12 高空跳水

三、技术的难度化趋势

随着跳水运动的发展和提高，原来的稳、准、美已经逐步被难、稳、精所取代，所以选材和训练手段也不断更新和变化着。身材、姿态、柔软已经不再是首选标准，而速度、力量、灵活、控制力强的苗子是我们要重点培养的后备人才。跳水运动发展到今天的高度，要想创造佳绩，就必须在难、稳、精上面做文章。

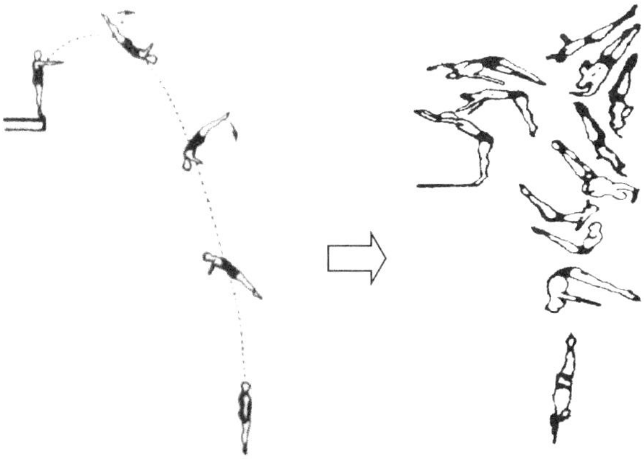

难度系数 1.8 的 102A 难度系数 2.7 的 5434D

图 1-13 跳水难度比较

（一）技术动作难度的增加

所谓“难”，就是运动员要在良好的素质力量，特别是很强的爆发力的基础上，利用自身的协调性和顽强的拼搏精神，攻克和掌握好世界最高难度，甚至超世界难度表外的更高难度的加分动作参加比赛，这就是我们所理解的“难度是实力”。

（二）技术动作发挥的稳定性增加

所谓“稳”，就是把前面已掌握的高难度动作利用自己良好的心理素质和时空感觉，在教练员合理正确的严格训练下，不断提高成功率，并在比赛中稳定发挥出来。这就是我们所理解的“稳定出成绩”。

（三）技术动作的精度要求增加

所谓“精”，就是在难、稳的基础上，充分发挥出本身节奏好，特别是动作连接、跳板的节奏 和压水花感觉强的优势，高质量、准确地在比赛中发挥好高难度动作而获取高分。这就是我所理解的“精品质量夺金牌”。

图 1-14　北京奥运会男子跳水 3 米跳板冠军何冲

因此，在挑选跳水运动员时必须严格测试和耐心观摩，了解素质力量尤其是爆发力、协调性、心理素质、思想品德和神经类型，在这个基础上更深一步地考察压水花的水感、节奏感和柔软性。

北京时间 2009 年 10 月 10 日，第 11 届全运会跳水比赛进入第八天，在刚刚结束的男子 3 米板决赛中，广东名将何冲以 566.55 分获得金牌，而比赛中最精彩的一幕出现在最后一轮，何冲选择了难度系数为 3.8 的 5156B，他高质量地完成这一高难度动作，得到了 108.30 分的高分。而难度 3.8 的 5156B 也成为迄今为止中国运动员在大型比赛中做过的最难动作。

第二章

跳水运动综合知识

作为观众，我们要学会欣赏跳水运动就需要了解许多关于跳水运动的知识，包括跳水运动的项目分类，大型赛事的名称，著名的跳水运动员，跳水运动的价值与特点等，本章就对以上几个方面的进行了简要的阐述，从而使得读者能够在欣赏比赛时，不仅赞叹比赛本身的激烈，运动员动作的华丽，还能从中学到更多的知识。

第一节　技术项目的分类

目前国际或国内进行的跳水比赛主要采用跳板和跳台（springboards and platforms）两种比赛方式，而由于男子女子，单人双人，年龄段和赛制不同，又分为很多项目，具体如下表。

表 2－1　项目设置

	男子单人	男子单人	男子单人
		男子双人	男子双人
	女子单人	女子单人	女子单人
		女子双人	女子双人
跳台			10 米/7.5 米/5 米*
跳板	1 米*	3 米	

* 在奥运会项目设置中没有 1 米跳板比赛

* 16 岁、17 岁、18 岁年龄组有 10 米、7.5 米和 5 米跳台，14 岁或 15 岁年龄组没有 10 米跳台，12 或 13 年龄组没有 10 米和 7.5 米跳台

奥运会的项目设置如下表。

表 2－2　奥运会跳水项目设置(8 枚金牌)

	单人 individual		双人 synchronization	
女子	3 米板 three metres springboard	10 米台 ten metres platform	3 米板	10 米台
男子	3 米板	10 米台	3 米板	10 米台

另外,在世界杯项目设置中有团体比赛和男女混合团体比赛。

第二节　跳水运动员选材

运动员是执行训练目标的第一要素,是创造优异运动成绩和夺取金牌的主体。而运动员的筛选与甄别,无疑是左右训练成败的关键环节。

一、跳水运动员的形态

跳水运动项目要求运动员的身体形态呈流线型，符合美学的观点和要求，并符合跳水运动力学的特点。选材时要求身体形态优美，肢体比例(身高、体重、盆骨宽与肩宽的比例)标准。同时要考虑到遗传因素的影响。遗传是先天因素，某些遗传度高的指标后天难以改变，在科学选材时应使具有遗传优势的运动员充分发挥其优势，避免遗传优势差的苗子入选，更要避免造成人力和物力的浪费。

二、跳水运动员的素质类型

跳水运动员需有良好的素质力量、爆发力、速度力量及自控能力。“难、稳、美”是当今跳水技术的发展趋向及特征。没有一定或超人的高难度技术动作，没有相当的稳定性和优美、规范的技术表现，就难以在激烈的竞争中取胜。

选材时对身体素质的考核要把握住以上的特点,制定选拔标准。通常各种弹跳、速度的力量、立定跳远、摸高等练习是检测运动员下肢爆发力量和全身协调能力的主要方法,同时也是跳水力量素质训练中的主要内容之一。其次，垫上仰卧快速两头起腰腹、肋木悬垂举腿、垫上连续空翻等都是练习动作翻腾速度的实用方法。以上几种力量素质测试要根据不同性别、不同年龄和具体情况进行。以不同的次数、不同的时间指数来检测出运动员在上述几方面的素质能力及水平。

三、跳水运动员的技术类型

跳水运动是一项技巧性极高的运动项目。它的运动技能极其复杂，运动员在完成各种翻腾及转体动作后，绝大部分是头向下入水的。因此，运动员需要有一定的天赋条件。儿童、少年时期的基本技术全面、基本功扎实对运动员将来的技术走向、发展前景有着深远的影响。进行多方面测试、观察，就是对初级跳水者进行较全面的了解。选择技术类型要在起跳技术稳定、起跳高度充分、技术动作规范、水感优良，接受能力等多方面进行考虑。应当选择那些柔韧性好、动作协调、反应敏捷及具有上述优秀条件的选手，控制身体的能力、节奏感和协调极为重要，对今后技术的全面发展是一个先决条件和前景预测。

四、跳水运动员应具备的心理机能类型

由于跳水运动独特的运动特点，在跳水选材时首先要考虑的重点中，必须要考虑到良好的心理素质与承受能力。运动员必须具有勇敢果断、不屈不挠的意志和大无畏精神。运动员的个性心理特征，气质在其从事竞技体育活动时起着重要的作用。①

第三节　跳水运动的几大赛事

过去的跳水运动的几大赛事包括国际泳联跳水世界杯赛，国际泳联游泳世锦赛，和我们熟知的奥运会跳水项目，在以上几个赛事中，奥运会的赛事是没有单人1米板跳水的。

一、国际泳联世界游泳锦标赛

国际泳联世界游泳锦标赛（FINA World Championships）是由国际泳联总会主办的最高级别的国际性游泳赛事，1973年在南斯拉夫卢布尔雅那举行了第、届比赛，每2年举行一届，在1978年至1998年曾经每4年举行一届，在2001年开始恢复每2年举行一届。2011年第14届在中国的上海举办。设有男女单人跳水1米跳板（非奥项目）、3米跳板、10米高台，双人跳水3米跳板、10米高台。

图2－1　2009年第13届罗马游泳世锦赛吉祥物

① 金小岳. 论跳水运动员的选材［J］. 游泳，2009.01

二、国际泳联跳水世界杯赛

国际泳联跳水世界杯赛(FINA World Cups)是仅次于奥运会跳水项目和世界游泳锦标赛的世界第三大跳水赛事,1979 年,国际泳联创办了 2 年一次的世界杯跳水比赛。设有男女 10 米台、3 米板、1 米板,男双、女双 10 米台,男双、女双 3 米板。

图 2-2 第 15 届北京跳水世界杯会徽

三、奥运会跳水比赛

奥运会从来都是各国运动员相互竞争、为国争光的赛场,所以作为奥运会金牌大户的跳水比赛更是吸引了更多的跳水好手的参与。1951 年跳水被设为正式的比赛项目,设有男子、女子个人 3 米跳板、10 米跳台;男子、女子双人 3 米跳板、10 米跳台,共 8 枚金牌。

由于近些年来,跳水运动得到更多爱好者和广告商的青睐,又发展出国际泳联跳水大奖赛和系列赛两个重要赛事,这两个比赛都未设置 1 米板的项目。在中国国内,也有几个重要的赛事,包括青年跳水冠军赛、全国跳水冠军赛(即全运会预选赛)、全运会的跳水比赛等,在这些比赛出现很多跳水新星,他们可能成为以后角逐世界泳坛的明日之星。①

表 2-3 国际泳联跳水系列大奖赛

表 2-3-1 2009 年国际泳联跳水赛-大奖赛

时间	中国战绩
2.13 深圳	8 金 4 银
2.27 德国	4 金 4 银 2 铜
3.5 莫斯科	6 金 3 银 1 铜
4.30 加拿大	未参赛
5.7 美国	1 金 1 铜
5.29 西班牙	7 金 2 银 1 铜

① 高峰.对我国跳水运动特点及其选材与训练的相关性研究[J].南京体育学院学报,2007.06.83-99

表 2－3－2　2009 年国际泳联跳水赛－系列赛汇总

时间	中国战绩
3.21 多哈	8 金 3 银 1 铜
3.27 常州	7 金 1 银
4.18 英国	8 金 1 银 1 铜
4.25 墨西哥	7 金 1 银

国际泳联跳水世界杯赛

表 2－3－3　2006 年江苏常熟国际泳联跳水世界杯赛

项目	奖牌	队员	项目	奖牌	队员
女单 1 米板	金	郭晶晶	女双 10 米台	金	贾童/陈若琳
	银	吴敏霞		银	中川舞/山下美佐子
	铜	哈特利		铜	菲里奥/本菲托
男单 1 米板	金	何冲	女单 3 米板	金	吴敏霞
	银	罗玉通		银	帕卡琳娜
	铜	科尔维尔		铜	郭晶晶
女单 10 米台	金	贾童	男单 10 米台	金	周吕鑫
	银	劳丽诗		银	林跃
	铜	海曼斯		铜	克拉维钦科
男单 3 米板	金	秦凯	女双 3 米板	金	郭晶晶/李婷
	银	多布罗斯科克		银	腾豪斯/布赖恩特
	铜	杜麦斯		铜	费什/科特兹安
男双 3 米板	金	王峰/何冲	男双 10 米台	金	林跃/火亮
	银	里切森/杜迈斯		银	鲍迪亚/芬楚姆
	铜	谢林博格/维尔斯		铜	金全民/赵冠勋

表 2－3－4　2008 年北京水立方国际泳联跳水世界杯奖牌榜

国家/地区	金牌	银牌	铜牌
中国	7	4	0
德国	1	1	0
俄罗斯	0	2	0
加拿大	0	1	1
墨西哥	0	0	2
澳大利亚	0	0	2
美国	0	0	2
英国	0	0	1

表 2－3－5　第 12 届墨尔本国际泳联世界游泳锦标赛

1 米板	女子	何姿
	男子	罗玉通
3 米板	女子	郭晶晶
	男子	秦凯
10 米台	女子	王鑫
	男子	加尔佩林(俄)
双人 3 米板	女子	郭晶晶/吴敏霞
	男子	王峰/秦凯
双人 10 米台	女子	贾童/陈若琳
	男子	林跃/火亮

第四节 跳水运动名人简介

周继红

图 2-3 周继红

周继红在上小学时,练习过体操,1977 年入武汉体育馆业余体校改练跳水,同年进入湖北队,1982 年入选国家队。1986 年 7 月退役后,回湖北任教,后入北京大学英语系学习。1990 年毕业后继续在国家跳水队任教,现任中国跳水队领队。中国跳水队在周继红教练的带领下,征战世界各大赛事,勇夺多枚金牌,创造了中国跳水队“梦之队”的时代。

周继红在大赛中的成绩

1982 年 第 4 届世界游泳锦标赛女子跳台跳水第 3 名

1983 年 第 3 届跳水世界杯赛女子跳台跳水、男女团体、女子团体冠军

1984 年 第 23 届奥运会女子 10 米跳台跳水金牌,成为我国跳水历史上第一个奥运会冠军

1985 年 第 4 届世界杯混合团体冠军、女子团体冠军

周继红执教成绩

2000 年 第 27 届奥运会夺得 5 金

2001 年 第 9 届世界游泳锦标赛夺得 8 金

2002 年 第 14 届亚运会包揽全部 8 个项目的金牌

2003 年 第 10 届世界游泳锦标赛夺得 4 金

2008 年 第 29 届奥运会夺得 8 枚金牌

高 敏

自幼爱在水里玩,4 岁便学会游泳,9 岁时入四川自贡市少年业余体校进行体操训练,后在体校游泳池里被跳水教练相中,从此开始跳水训练。1985 年入选国家集训队。

1986 年在第 5 届世界游泳锦标赛上,15 岁的她以 582. 42 分夺得跳板跳水冠军,成为世界锦标赛历史上的最高分,并与队友合作夺得女子团体冠军。同年还在原民主德国国际跳水赛、加拿大杯国际跳水赛中力挫群雄,荣登冠军宝座。

1992 年在第 25 届奥运会上,蝉联女子跳板跳水冠军。她是世界上唯一突破

600分大关的女子跳水运动员，她的技术难度和稳定性已远远超过任何对手，是当之无愧的跳板跳水女皇。

图2-4　高敏

高敏在大赛中的成绩

1986年　在第5届世界游泳锦标赛上获得跳板跳水金牌(582.42分世锦赛历史上最高分)

1987年　在第5届跳水世界杯赛上获得跳板跳水金牌

1988年　在第24届奥运会上成为我国第一个奥运会跳板跳水冠军获得者

1989年　在第6届跳水世界杯赛，获得女子1米跳板和3米跳板两项冠军，并是获得女子团体冠军和混合团体冠军的中国队的成员

1992年　在第25届奥运会上蝉联女子跳板跳水冠军

高敏时代——让对手也能跟着唱国歌

1986年9月马德里世锦赛顺利夺冠后，国际比赛上她从无败绩。只要高敏出现，必定升起中国国旗，奏响中国国歌。其中，在1990年7月27日，美国西雅图友好运动会上，当她再次夺冠，升国旗奏响国歌时，高敏听见站在她旁边的银牌获得者，一名外国选手，竟然跟着她一起哼起了中国的国歌——“听熟了，听熟了！我已经让我的对手熟悉了我们的国歌！”她自豪地回忆说。

伏明霞

图2-5　伏明霞

伏明霞出生在湖北武汉市，父母伏宜君、林杏娥是一对普通职工。他们养育了两个并不普通的女儿。8岁时因体操教练嫌她关节硬、膝盖大、体形不美而未能作为重点苗子培养。那年，她被与体操队同在武汉体育馆训练基地的省跳水队教练胡德美招入门下。伏明霞12岁随教练于芬进入国家队，当年即出征系列国际邀请赛，获得1990年美国西雅图世界友好运动会10米跳台冠军。1996年在亚特兰大奥运会上，她夺得台板双料冠军，成为继高敏夺得首尔和巴塞罗那奥运会3米板冠军之后，蝉联跳水冠军的第二人，这也是一个世界纪录，同时她是唯一一位参加3届奥运会都获得金牌的跳水选手，也是为数不多的同时获得跳台和跳板两个项目奥运金牌的选手。

最年轻的冠军

伏明霞在1992年巴塞罗那奥运会上夺得10米跳台冠军时只有14岁,是中国奥运史上最年轻的冠军,由于后来奥运会新规则规定14岁以下运动员禁止参加奥运会,在规则改变之前,她将一直保持这一纪录。随后她的照片被登在美国《时代周刊》的封面上,这也创下了中国运动员之先河。此前一年,她还赢得了第6届世界游泳锦标赛跳台桂冠,成为最年轻的世界冠军并被载入《吉尼斯世界纪录大全》。

年轻的冠军,双冠王,复出夺冠,一段段传奇的经历照耀着这位体坛名宿,让其在众星云集的中国跳坛,继高敏之后登上了"女皇"的宝座。

伏明霞在大赛中的成绩

1990年 参加美国西雅图世界友好运动会,获女子跳台跳水冠军

1991年 参加第6届世界游泳锦标赛,获跳台冠军。成为最年轻的世界冠军并被载入《吉尼斯世界纪录大全》

1992年 参加第25届奥运会,获10米跳台冠军。成为世界跳水史上最年轻的奥运金牌得主

1994年 参加第7届世界游泳锦标赛,获跳台冠军

1995年 参加第9届跳水世界杯赛,获跳板冠军、跳台亚军

1996年 参加第26届亚特兰大奥运会,获跳台、跳板双料冠军

1999年 参加全国冠军赛,获3米跳板单人第三;参加全国锦标赛,获3米跳板单人第三;参加世界大学生运动会,获3米跳板、10米跳台冠军

2000年 参加第12届跳水世界杯赛,获3米跳板单人亚军;参加全国跳水冠军赛,获3米跳板双人第一,单人亚军;参加第27届奥运会,获3米跳板冠军,双人亚军

郭晶晶

5岁开始练跳水,15岁她首次参加奥运会,连续经历了两届奥运会的失败,骨折、改变技术、视网膜脱落、感情出现问题,这些让她苦苦等了11年,直到2004年在雅典,郭晶晶才最终修成正果。与中国另一位跳水皇后级人物伏明霞相比,郭晶晶是历经坎坷走向成熟的成功女性。

图2-6 郭晶晶

郭晶晶,是中国继伏明霞后又一位跳水皇后,水做的中国女孩,比泥做的男孩们更有动情之处,认真站在一侧看过郭晶晶跳水的人,会发现这个太阳都晒不黑的女孩就像一枚晶莹剔透的荔枝。

郭晶晶在大赛中取得的成绩

2003 年　国际游联跳水大奖赛澳大利亚站女子单人、双人冠军

2003 年　国际游联跳水大奖赛中国站女子 3 米板单人、双人冠军

2003 年　第 10 届世界游泳锦标赛女子 3 米板单人、双人及 1 米弹板冠军

2004 年　雅典第 28 届奥运会女子 3 米板单人冠军、双人冠军

2006 年　奥运会国际泳联跳水大奖赛第二站 3 米板单人、双人冠军

2007 年　第 12 届世界游泳锦标赛女子 3 米板单人、双人跳水冠军

2008 年　第 29 届奥运会女子 3 米板单人冠军、双人冠军

萨乌丁

图 2-7　萨乌丁

萨乌丁是世界最为全面的顶尖跳水运动员，萨乌丁出生于俄罗斯的沃罗涅日市。萨乌丁于 1981 年开始跳水训练，在 1996 年亚特兰大奥运会拿下了 10 米跳台冠军，成为在奥运会上赢得男子跳台金牌的第一位俄国或苏联跳水选手。多年来，他一直是中国男子跳板项目上的最主要对手，被称为“跳水沙皇”。

萨乌丁在大赛中的成绩

2008 年　第 29 届奥运会男子双人跳水 3 米板亚军

2008 年　第 29 届奥运会男子跳水 3 米板第 4 名

2001 年　第 9 届世界游泳锦标赛 3 米板冠军，3 米板双人第 3

2000 年　第 12 届跳水世界杯赛 3 米板冠军，10 米跳台亚军，奥运会 3 板第 3，10 米台第 3，10 米台双人冠军，3 米板双人亚军

第五节　跳水运动所需的专项条件

一、身体形态要求

跳水运动是一项比优美，赛灵巧，拼勇敢的竞技体育项目。在运动员的形态上有较高要求，类似于体操、舞蹈的要求。较为理想的跳水运动员应符合以下条件：

身材方面，匀称、体态优美、身高适中，不宜过高或过矮。四肢比例适当，肩稍宽，骨盆细窄，臀部要小。两腿笔直，膝关节要平，骨骼不能粗大，线条的优美感强。

踝关节天生的形态好。[1]

五官方面,端正,面部清秀,对腿形的要求较高。

柔韧灵敏方面,关节灵活性、柔韧性好,这将涉及未来动作能否幅度大、动作协调、姿态优美。其主要关节有肩、髋、踝等。

图 2-8 男跳水运动员的躯干

二、身体基本素质要求

(一)柔韧

柔韧素质主要包括肌肉、肌腱和韧带等软组织的伸展能力。与其他技巧性运动项目一样,跳水运动对柔韧素质有较高的要求。柔韧素质是掌握动作技术的重量条件之一。跳水姿势欠优美,也与柔韧素质有关。此外,良好的柔韧素质还能避免或减少受伤事故。

图 2-9 跳水运动员良好的身体柔韧性

(二)力量

力量素质是跳水运动员的基本素质之一。跳水者力量素质,是跳水技术的掌握和提高的坚定基石。力量素质主要包括腿部力量差、腰腹力量。跳水者应根据自己的具体情况,选择有效的力量练习手段,重点发

① 蒋军波.关于跳水运动员的早期初选及其基础训练的探讨[J].南京体育学院学报,2001.06

展腰腹力量。

图 2-10　力量的训练方法

（三）速度

跳水要求运动员迅速地完成空中的高难度动作，所以速度素质也是跳水运动员基本素质之一，可分为反应速度、移动速度和动作速度。

图 2-11　跳水运动员在空中快速地旋转

三、心理素质

（一）兴趣

作为一个运动员，必须要对自己所从事的运动项目有所兴趣。在训练中，兴趣是激发运动员力求认识某种学习对象或参与某种学习活动的倾向，是影响运动员自觉性和积极性的重要因素，跳水运动也是如此，运动员的兴趣是第一位的。

（二）自信心

充足的自信是成功的保证。在学习动作的时候，信心能促使其更加顺利地完成动作。在平时建立起自信心，在比赛时，如果没有自信心，跳水运动员在赛前会产生焦虑和紧张，这样会导致动作的变形或失误，从而打破比赛的计划。再者，跳水运动的特殊性决定了，参加这个项目必定要对自己充满自信，对每个动作的完成都要充满自信和果敢。

（三）竞争意识

竞争意识的出现是在训练和比赛中产生的，运动员渴望战胜对手，取得胜利，这是一种正常的心理诉求，有了这种心理意识，他们会不断为自己设立目标，然后以其为驱动力，指导自己的训练实践。

第六节　跳水运动价值

一、跳水运动对社会的价值

（一）自我挑战的价值

人们参与跳水之初，就抱着一种超越自我的目的，想征服生活的空间，想改变自己原来对身体的看法。站在高高的跳台上，你可以退回去，但是人类自我激励的奋斗精神要求我们只有勇于向前，才能完善自我，发掘自我，那坚毅的一跳，表现出人类不断自我超越的过程，从以前简单的入水，到现在复杂的空中动作，从以前单人跳水，到现在娴熟的双人跳水，人们在不断的尝试中进步，在不断的进步中发挥自己的潜能。

图 2-12　激励

（二）大众观赏价值

跳水是“美”与“力”的完美结合，是“柔”与“刚”的交融，人们欣赏跳水，是因为运动员在空用的旋转展示了身体阳刚和阴柔的结合，人们关注跳水是因为它能够在运动员不断挑战极限时,给观众以感官刺激,所以人们在闲暇之余希望观赏跳水运动,它为人们的生活带来了感官上的满足,同时其自我奋斗的精神还能激励人们在工作和学习中不断地进步。

图 2-13　大众观赏高台跳水

（三）参与价值

跳水运动在全世界的开展,促进了更多的人以各种各样的形式参与进来,不仅仅是参加跳水运动,观看跳水运动也是一种参与,参加民间组织的,观赏性的跳水运动也是一种参与,组织或参加各种宣传跳水运动的活动也是一种参与。跳水的精神,是自我奋斗不断超越的精神,这种精神是与时俱进的,它能够让更多的人参与其中,让更多的人从中受益。

图 2-14　悬崖跳水(cliff diving)

（四）现实国家实力的价值

一个国家的实力，会在体育中充分体现出来，跳水亦是如此，较发达的国家能够给人们提供更加方便的观看手段，让人们及时了解有关自己喜爱的跳水运动的消息，了解相关赛事和运动员的境况，发达国家还能建造先进的场地，举办高水平的比赛，吸引高水平的运动员来参加比赛，从而在国际上获得尊重。当然，最直接的影响是，发达国家由于其财力和科技能力的进步，在跳水运动员的培养方面有一定的优势，能为运动员设定更加科学的训练方法，甚至细微到运动员的衣食住行，在这样的环境下，更加有可能培养出世界级的选手，从而为国家争得荣誉。

二、跳水运动对个人的价值

（一）独特的体能要求

跳水运动不同于长跑，不同于长距离的游泳，我们可以体会到跳水运动要求的是运动员瞬间的肌肉爆发，在空中快速完成动作，所以它对肌肉的爆发力有着较高的要求。再者，运动员的神经系统还要具有较高的灵活性和较强的平衡力，这样才能在跳水的各个阶段保持身体不受惯性等力量的影响。在素质方面，力量、柔韧、灵敏、动作速度和专项耐力都有着重要的作用。

图 2-15　体能训练

（二）心理和智能的高要求

由于跳水的过程十分短暂，跳水运动员的灵敏度要很高。再加上动作不一定，比赛变数增加，又要学会自我调节，同时，还要具有一定的果敢精神，要相信自己能够达到目标。当然，作为表现美的运动，运动员还要具有一定的想象力和创造力，善于分析和判断动作。

图 2-16 跳水是考验心理素质的运动

第七节　如何欣赏跳水运动

我们参与到跳水运动中往往不是直接的参与(比如作为运动员或裁判员参与比赛),我们多数时候是以一个观众的身份间接参与的,所以,我们要了解一些欣赏跳水比赛的方法和欣赏时的礼仪,做一个合格的跳水观众。

一、如何欣赏跳水比赛

(一)领略名将风范

一场重要的跳水比赛,都会吸引来自世界各地的跳水好手参与,他们的一举一动都受到了观众和媒体的关注。高水平跳水运动员的技术、协调、优美,男子的阳刚,女子的柔美,都可以在他们的每一跳中体现出来,所以我们在欣赏跳水比赛时,可以事先了解下这些名将的相关事迹和新闻,然后结合比赛进行欣赏,这样不仅可以更好地欣赏比赛,还增加了对跳水比赛的兴趣。

(二)了解竞赛方法

跳水比赛进行过程中,不管是预赛还是决赛,每个运动员的跳水次数都是有规定的,这属于裁判中竞赛方法的部分,为了更有利地进行观看,作为观众,我们必然要先了解一些关于竞赛流程的知识,比如跳水项目类别,男女运动员在跳板、跳台和双人比赛中的动作个数和难度限制等。只有了解这些，我们观看时才知道比赛进行到什么阶段，下一个出场的是否是你支持的运动员，只有这样我们才能更加明了地欣赏跳水比赛。

（三）学会辨别跳水动作

跳水的规则是比较难于掌握的，但是也有一定的规律和方法。作为观赏者，我们只要了解一些组别、难度代号的意义、基本难度系数计算方法即可，因为在观看比赛时往往场上或电视上会给出与当前运动员跳水动作相关的讯息，我们可以根据以上提到的方法进行欣赏。跳水动作根据运动员起跳前站立的方向和起跳后身体运动的方向，分为 6 个组别。第 1 组，面对池水向前跳；第 2 组，面对板或台向后跳水；第 3 组，面对池反身跳水；第 4 组，面对板或台向内跳水；第 5 组，转体跳水；第 6 组，臂立跳水（仅在跳台跳水中采用）。1 至 4 组的动作代码采用 3 位数：第一个数字代表动作组别；第二个数字代表飞身动作，如果第二位是 0 则表示没有飞身动作；第三个数字代表翻腾周数，以 1 为半周、2 为一周、3 为一周半，以此类推。字母 A 表示直体，B 屈体，C 抱膝，D 任意。举个小例子，比如 203A 就表示向外翻腾一周半直体。（竞赛方法以及每个动作的具体表示方法，本书将在第四章“跳水运动的竞赛规则”中加以较为详细地阐述。）

二、观赛礼仪

1. 观众进出场地要有序，要在比赛前到达赛场，这是对运动员、教练员和裁判员最起码的尊重。

2. 玻璃瓶、易拉罐饮料都是不允许带进场地的，比赛时只允许带软包装饮料进入赛场。垃圾要用方便袋或者纸袋自行带出。

3. 观众的衣着要整洁、大方，不可太随便。

4. 在比赛开始时，特别是运动员准备出发时一定要保持安静，不要吃东西或互相聊天、喧哗。在比赛中，最好不要走动。

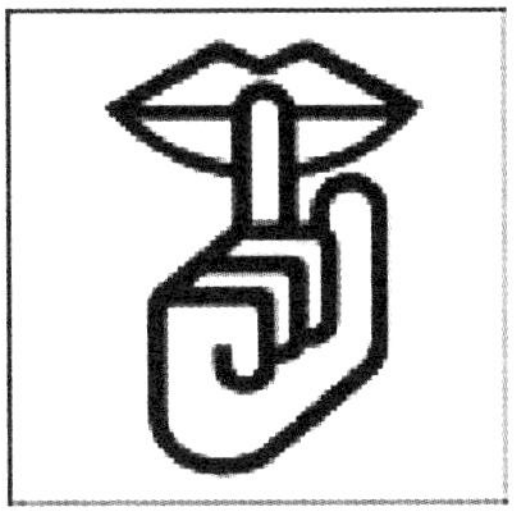

图 2-17　保持安静

5. 观众一定要记住不允许在游泳馆内使用闪光灯。

图 2-18　禁止闪光灯

6. 手机要关机或设置在振动、静音状态。

7. 场馆内禁止吸烟。

图 2-19　禁止吸烟

8. 看比赛可以高喊自己喜欢运动员的名字，可以在啦啦队的统一指挥下高喊口号，但不能喊出不文明语言。

9. 运动员发挥得好，观众要鼓掌。介绍各国运动员时也要给予运动员支持和鼓励，不可喝倒彩。

10. 比赛结束后，为优胜者发奖牌，同时演奏其国歌。这时，观众应全体起立并肃静。

第三章

跳水运动基本技术动作

跳水运动的训练是一个长期而艰苦的过程，作为业余爱好，要想完成一个个优雅动作，必须从基本训练开始，脚踏实地地进行逐步的训练从而提高自身水平。本章将讲解跳水的主要基本技术和基本动作，为以后的基本练习打下良好的基础。

第一节　起跳技术

对于跳水爱好者而言，学习起跳，比较常用的是立定起跳（Standing takeoff），走板起跳次之，跑台起跳则很少采用。因此，我们向跳水爱好者主要介绍立定起跳和走板起跳技术。

一、立定起跳

（一）跳板的向前立定起跳

1. 动作过程

练习者面对跳水池在板端站立，两臂侧平举，待身体平稳后下蹲沉板，同时两臂从体侧偏后方向由慢至快地做弧形下压上摆动作，然后蹬板腾空。

图 3-1　跳板的向前立定起跳

2. 技术要领

(1)沉板压臂时,肩不能过分前倾。

(2)沉板压臂时,两臂应伸直,两手下压至膝关节旁再上摆。这样可促使跳水者的髋、膝关节弯曲到一定的角度,使股四头肌等主要肌肉群的纤维预先拉长,以增大蹬板力量。

(3)起跳时,两臂快速上摆。在蹬板的同时,手臂向上摆动,产生一种朝下的反作用力(这种反作用力能增大跳板的下沉幅度),加快跳板反弹速度,蹬板时手臂上摆要快。

(二)跳板向后立定起跳

1. 动作过程

练习者面对板站立,两臂侧平举。前脚掌着板,脚跟悬空(稍提起),身体略前倾,待身体平稳后,下蹲沉板,同时两臂从体侧偏后方向由慢至快地做弧形下压上摆,蹬板腾空。

图 3-2 跳板向后立定起跳

2. 技术要领

(1)站板时身体略前倾,以保持身体平衡,头部正直,目光注视跳板后端。

(2)沉板压臂时,两臂应伸直,两手下压至膝关节旁时再上摆,以增大蹬板力量。

(3)蹬板时手臂上摆要快,加快跳板反弹速度。

(三)跳台向后立定起跳

1. 动作过程

练习者面对台站立,两臂侧平举。前脚掌着台,脚跟悬空(稍提起),肩略前倾,稍停顿,身体下蹲,同时两臂从体侧偏后方由慢至快地做弧形下压的上摆动作,然后蹬台腾空。

图 3-3　跳台向后立定起跳

2. 技术要领

(1)站台时身体略前倾,以保持身体平衡。

(2)压臂时,身体下蹲不能太深。

(3)蹬台时摆臂要快,以增大蹬台力量。

二、走板起跳

跳板和跳台跑动跳水的助跑动作(包括最后的跨跳动作)竞赛规则规定最少应为 4 步。练习者可根据自己的特点选用 4 步、5 步或 6 步走板起跳。这里只向大家介绍 4 步的走板起跳技术。

练习者在学习走板起跳之前,应先在跳板板端学习连续的弹板动作。当在跳板板端能连续弹板 10 次,并做到不退板,中途不停顿时,就可学习走板起跳了。

(一)1 米板和 3 米板的连续弹板

1. 动作过程

练习者站立板端,两臂伸直上摆至两耳旁。然启身体下蹲,两臂从体侧偏后方做弧形下压动作。蹬板时,两臂快速上摆至耳旁,稍停顿,待两脚即将着板时再重复上述动作。

2. 技术要领。

(1)蹬板时,要保持躯干正直,切不可前倾后仰。

(2)身体下落时,可略低头,以便看清楚落脚点,当再次蹬板腾空时,头部应保持正直,目视前方。

(3)腾空后应迅速判断身体位置,当感觉身体前倾将弹出板端时,应在落板的一瞬间做臀部后坐和两腿往前下方蹬板的补救动作。当感觉身体将明显后退时,应在落板的一瞬间做躯干前倾和两腿往后下方蹬板的动作,使身体调整到正常位置上。

(二)走板起跳

1. 动作过程

身体直立,目视板端。迈第一步(左脚起)时,两臂不动,迈第二步时,两臂对称前摆,身体略前倾,其步距比第一步大。迈第三步踏跳腿时,两臂加大后摆幅度,踏跳腿屈膝,脚后跟先着板。然后两臂伸直前摆上举提膝,腿上摆,同时踏跳腿蹬板,身体在腾空的过程中提膝腿主动伸直靠拢踏跳腿。在身体下落的过程中,屈髋、膝关节,两臂从体侧偏后方向由慢至快地下压。当前脚掌着板时,两臂快速上举,同时蹬板腾空。

图 3-4　走板起跳

2. 技术要领

(1)走板各步的步距:第一步的步距应与跳水者本人平常走路时的步距一致;第二步的步距应比第一步大,这样在第三步加大步距时,身体移动就不会显得太突然;第三步和第四步(最后一步)步距虽然受跳水者身高、腿部力量强弱、踏跳腿蹬板的方向等因素的影响,但不宜强调过长,因为加长步距后,跳水者必然加快走板速度，从而出现身体不平稳、容易冲出板外等缺点。在一般情况下，第三步的步距在 90 厘米左右，第四步步距在 30 厘米左右。

(2) 在单腿踏跳的同时，两臂应快速上举。踏跳时，快速摆臂的反作用力能增大跳板的下沉幅度，从而获得较高的踏跳高度。因此，迈出踏跳步时，应加大两臂的后摆幅度，以便在踏跳腿蹬板时，两臂做出幅度大、速度快的前摆上举动作。加大两臂后摆幅度时，应保持身体平衡，肩不能过分前倾。

(3) 踏跳蹬板方向。蹬板方向与走板起跳的稳定性有直接的联系。练习者的踏跳腿应朝正下方蹬板，跳板反弹力推动身体向上腾空，向前走板产生的惯性力推动身体落在板端。相反，如果向前下方蹬板则会产生退板现象，如果向后下方蹬板则身体很容易冲出板端外。

(4) 在踏跳腾空的过程中并腿。踏跳腿蹬板时，应快速摆臂提膝，在腾空的过程中，提膝腿迅速伸直与踏跳腿并拢，完成并腿动作的身体位置正处在踏跳腾空最高点，这种尽早并腿的动作有利于跳水者准确地完成起跳。因为从腾空最高点到两脚着板有一段短暂的时间，练习者在这段时间里，可以判断和调节身体重心，平衡身体，达到准确起跳的目的。

(5) 与跳板立定起跳一样，沉板时，伸直的两臂由慢到快地下压，两手掌经膝关节旁快速上摆，以增大蹬板力量。

(6) 与跳板立定起跳一样，蹬板起跳时应伸直两臂快速上举至耳旁，以增大蹬板力量。

三、入水时的身体位置和姿势

(一) 入水时的身体位置

无论是半周动作还是翻腾动作，在入水的一瞬间，虽然翻腾速度已明显减慢，但是还存在惯性。为做到垂直入水，练习者在入水的一瞬间应把自己伸直的身体控制在接近垂直位置。如果在开始入水的一瞬间身体已处于垂直位置，那么在入水的过程中身体由于惯性会继续转动，导致身体势必脱离垂直。通常翻腾力较大的动作，其入水时的身体惯性也大，跳水者应根据动作翻腾的快慢来确定入水时的身体位置。

(二) 入水时的身体姿势

一个准确、优美的跳水动作，不仅入水角度要直，而且身体各部位也要充分伸展成一条直线。

身体向前头入水时的身体姿势应做到：两臂伸直靠拢两耳旁并手，头部正直，肘关节伸直夹紧头部，收腹、紧腰，臀部夹紧，两腿伸直并拢，脚尖绷直，整个身体充分伸展，从手臂到脚尖成一直线。入水后要保持这一姿势，直到身体下沉速度明显减慢为止。如果在水下过早仰头挺胸，则会溅起水花。跳高台动作时，这种过早仰头挺胸动作很容易使练习者的颈部和腰部受伤。

图 3-5　身体向前头入水时的身体姿势

向后头入水的身体姿势应做到：两臂伸直靠拢两耳旁并手，稍仰头、挺胸，肘关节伸直夹紧头部，收腹、紧腰，夹紧臀都，两腿伸直并拢，脚尖绷直，整个身体稍呈反弓形，但从肩部到脚尖应成一直线。入水后，保持这种姿势，直到身体下沉速度明显减慢为止。

图 3-6　向后头入水的身体姿势

在群众跳水活动中，入水时常出现不绷脚尖、弯膝、分腿、屈髋、塌腰、肩角大等缺点，使入水时身体不直。一般造成入水身体不直的主要原因有以下几个方面：

1. 柔韧性差；

2. 腰腹力量差；

3. 身体协调和控制能力差。

四、压水花技术

入水压水花技术也称为翻掌压水花技术。可分为入水到底和入水滚翻两种。练习者在练习过程中，首先应注意下列几点。

1. 在即将入水时，两臂伸直贴住两耳，夹紧头部。一手抓住另一手的四指（大拇指除外），掌心对水面。

2. 在掌心即将触水的一瞬间，收腹、紧臂，同时用力伸直肘关节并夹紧头部拉长身体。

3. 躯干进入水中时，两臂可向体侧方向或者体侧偏前方分臂。入水时的分臂动作不仅能提高压水花的效果，而且能减轻练习者手臂的负荷，避免肩、肘受伤。

4. 向前入水滚翻。在身体全部进入水中时，可做低头、含胸、屈髋的滚翻动作。正确运用滚翻动作，能较好地压水花。水中滚翻位置的深浅，直接影响压水花的效果，通常在水面以下 1.5 ~ 1.8 米处开始滚翻效果较好。

5. 向后入水带臂。向后入水时，用力向后使身体在水下沿翻腾方向继续转动（相当于向前入水的滚翻动作），可提高压水花效果。因此，向后入水的动作在入水前，身体角度应处于接近垂直的位置，然后通过带臂动作拉直入水角度。

（一）向前入水的到底压水花技术

1. 动作过程

身体以接近垂直的角度开始入水，在掌心即将触水的一瞬间，伸臂拉长身体。同时伸直肘关节夹紧头部。当躯干进入水中时，分臂划水，两臂贴体侧，身体沿着翻腾方向继续下潜到底。

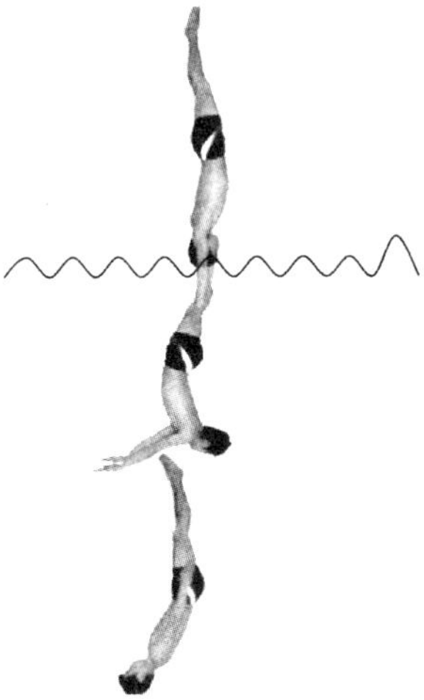

图 3-7　向前入水的到底压水花技术

2. 学习方法

(1)在 3 米和 5 米跳台上熟练掌握各种姿势的向前倒下基本动作。

(2)体侧并手压水花模仿,请同伴帮助完成。练习时同伴站在高 15 ~ 30 厘米的地方,练习者背对同伴两臂侧平举站立,两臂由体侧快速上摆贴住两耳,在头上并手,掌心向上,在并手的同时用力向上伸臂。拉长身体,夹紧头部。练习者并手伸臂后,同伴两手重叠,向下拍击练习者的手掌。多次重复上述动作。

3. 向前压水花的滚翻压水花动作

动作过程:身体以接近垂直的角度开始入水,在掌心即将触水的一瞬间,伸臂拉长身体,同时伸直肘关节夹紧头部。当躯干进入水中时,低头、弓背、分臂划水,两臂贴体侧。当身体全部进入水中时,迅速屈髋做滚翻动作。

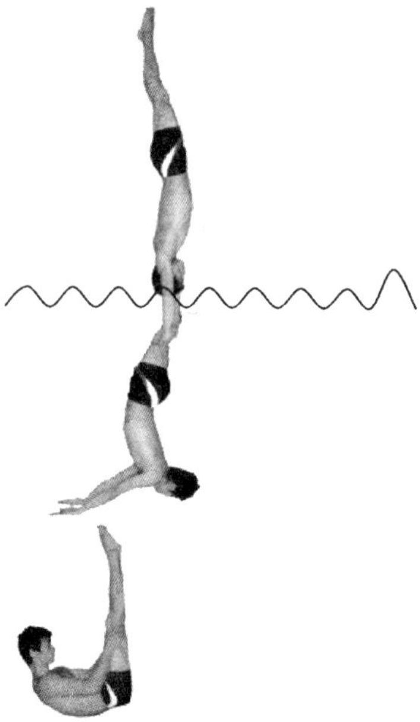

图 3-8　向前压水花的滚翻压水花动作

4. 向后入水的压水花技术

动作过程:身体以接近垂直角度开始入水(但两臂应与水面垂直),在掌心即将触水的一瞬间,迅速向后带臂,拉长身体,同时伸直肘关节,夹紧头部。当躯干进入水中时,分臂划水,两臂贴体侧,身体沿翻腾方向做较大幅度的翻转。

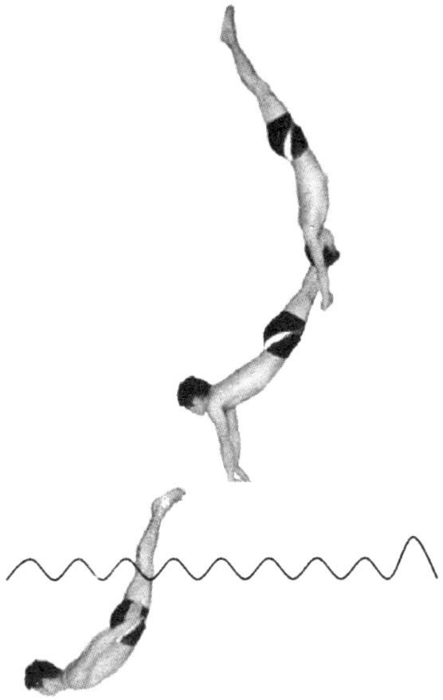

图 3-9　向后入水的压水花技术

第二节　跳水基本动作

基本动作是指跳水竞赛规则难度表上没有列出的基本动作。通过各种基本动作练习,可使跳水练习者建立正确的时间概念和空间概念,提高跳水时的平衡能力和控制身体的能力,从而逐步掌握起跳、入水技术,打好基础。

一、跳下

跳下是指身体在空中不做翻转并以脚先入水的基本动作。可以在跳台和跳板的不同条件下练习,掌握在空中对身体的控制能力。向前跳下时,身体不能过分前压,否则空中动作不易控制,且缺乏起跳高度。向后跳下时,身体不能过分后倒。在空中完成 B 式和 C 式跳下动作时,应迅速打开身体,调节重心,使身体垂直入水。

(一)向前 A 式跳下

可分为 1 米板向前 A 式跳下,1 米板向前立定起跳 A 式跳下,3 米板向前 A 式跳下,3 米板向前立定起跳 A 式跳下,池边向前的 A 式跳下(入水点距池边 40 ~ 50 厘米为宜),3 米、5 米、5 米以上跳台 A 式跳下。要注意的是下落时,高度越高,两臂在两耳旁停留时间越长越有利于调节身体重心,维持平衡。

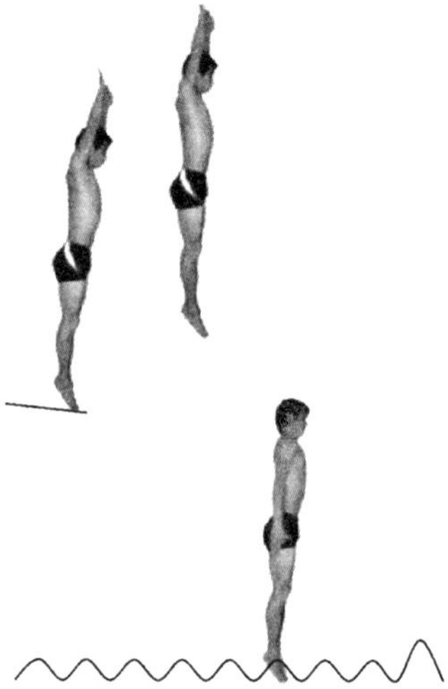

图 3-10　向前 A 式跳下

（二）向前 B 式跳下

可分为 1 米板向前，3 米板向前，3 米台向前，5 米、5 米以上跳台的 B 式跳下。需要注意的是：

1. 起跳时，两臂快速上摆至两耳旁，两脚一离开板，就快速屈髋，举腿，含胸，躯干略前倾，两手摸脚背。然后迅速屈髋，压腿成 A 式，两臂伸直贴拢大腿外侧入水。

2. 高度越高，身体下落两臂在体侧停顿的时间越长，越有利于维持重心平衡。

图 3-11　向前 B 式跳下

(三)向前C式跳下

可分为1米板向前立定起跳的C式跳下,3米板向前C式跳下,3米台向前C式跳下,5米、5米以上跳台向前C式跳下。应注意以下几点。

1. 起跳时,两臂快速上摆至两耳旁,两脚一离开板,快速屈髋和膝关节,使大腿向胸部靠拢,同时含胸,两臂贴大腿外侧,双手抱住小腿,在腾空最高点完成上述动作后,迅速伸直髋关节和膝关节,两臂贴拢大腿,直体入水。

2. 高度越高,身体下落时,两臂在体侧停留时间越长,以利于调节重心,维持平衡。

图3-12 向前C式跳下

(四)向后A式跳下

图3-13 向后A式跳下

可分为,1 米板向后 A 式跳下,3 米板向后 A 式跳下,池边向后 A 式跳下,3 米、5 米及 5 米以上跳台向后 A 式跳下。应注意以下几点。

1. 起跳腾空后,目视跳板后方,两臂向上夹于两耳旁,紧腹、夹臀,两腿并拢,脚尖绷直,入水时两臂伸直贴拢大腿外侧。

2. 高度越高,两臂在两耳停留的时间越长,越利于调节重心,维持平衡。

(五)向后 B 式跳下

可分为 1 米板向后 B 式跳下,3 米板向后 B 式跳下,3 米、5 米及 5 米以上跳台向后 B 式跳下。应注意以下几点。

1. 起跳蹬板时,两臂快速上摆至两耳旁,两脚离板后快速屈髋、举腿、含胸,躯干稍前倾,同时两臂下压摸脚背,然后迅速屈髋、压腿,两臂伸直贴拢大腿外侧,以直体姿势入水。

2. 高度越高,身体下落时两臂在体侧停顿的时间越长,越利于调节身体重心,维特平衡。

图 3-14 向后 B 式跳下

(六)向后 C 式跳下

可分为 1 米板向后 C 式跳下,3 米板向后 C 式跳下。

图 3-15　1 米板向后 C 式跳下

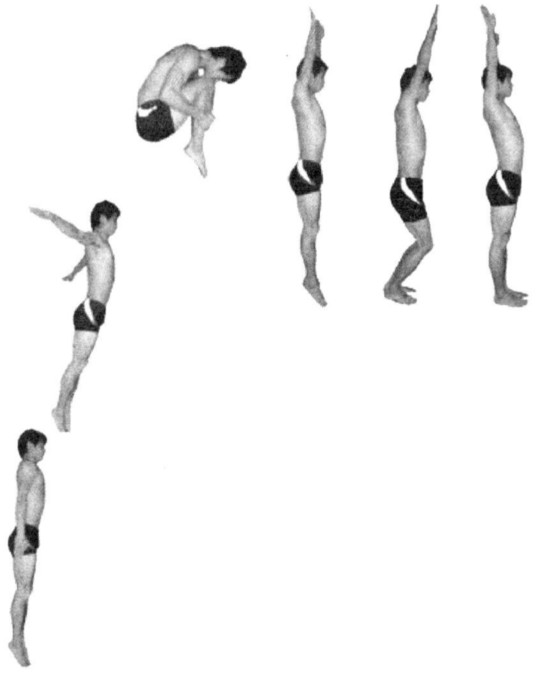

图 3-16　3 米板向后 C 式跳下

二、倒下

倒下是指身体在空中翻转半周并以头先入水的基本动作。在各种不同高度的板、台上练习倒下动作,是为了学习和掌握各种姿势的打开入水技术和调节入水角度的技术以及入水的压水花技巧。

在学习倒下动作之前,跳水者应先在陆上进行各种打开模仿、并手模仿以及各种倒立练习。

(一)向前A式倒下

1. 3米板(台)向前并手的A式倒下动作过程

身体直立,两臂伸直在头上方并手,两掌心向外,然后提踵,身体前倾倒下。双脚离板(台)后,注意看水面,收腹紧臀,两腿并拢,脚尖绷直。肘关节伸直夹紧头部,使臂伸直成直体姿势入水。

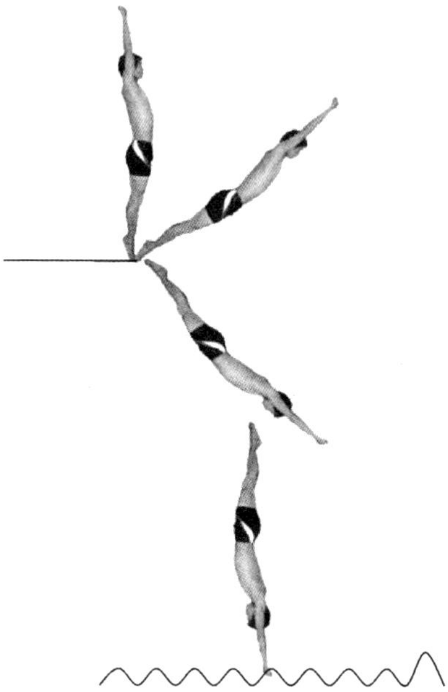

图3-17　3米板(台)向前并手的A式倒下

2. 3米板(台)向前分臂A式倒下动作过程

身体直立,两臂侧平举,然后提踵倒下。双脚离板(台)后,注意看水面,收腹紧臀,两腿并拢,脚尖绷直。入水时两肘关节伸直靠拢两耳,夹紧头部,并手,掌心向外成直体姿势入水。

图 3-18 3 米板(台)向前分臂 A 式倒下

(二)向前 B 式倒下

1. 池边向前并手 B 式倒下动作过程

站池边,躯干前倾下压,两臂伸直靠拢两耳并手,掌心向外,注视水面。然后提踵,身体前倾倒下。入水时肘关节伸直夹紧头部,成屈体姿势入水。

图 3-19 池边向前并手 B 式倒下

2. 1 米板向前并手的 B 式倒下

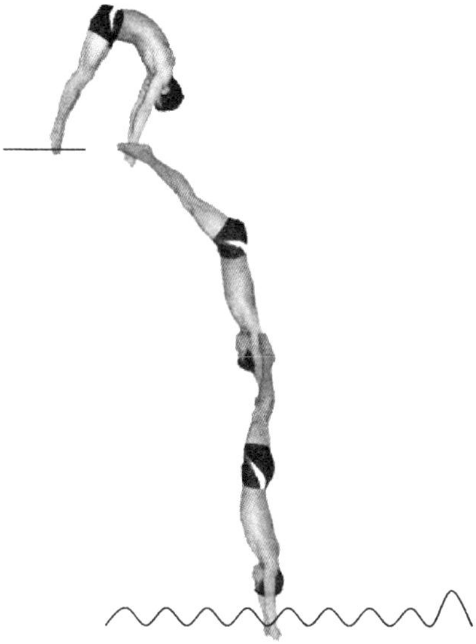

图 3-20　1 米板向前并手的 B 式倒下

3. 3 米板(台)向前并手的 B 式倒下

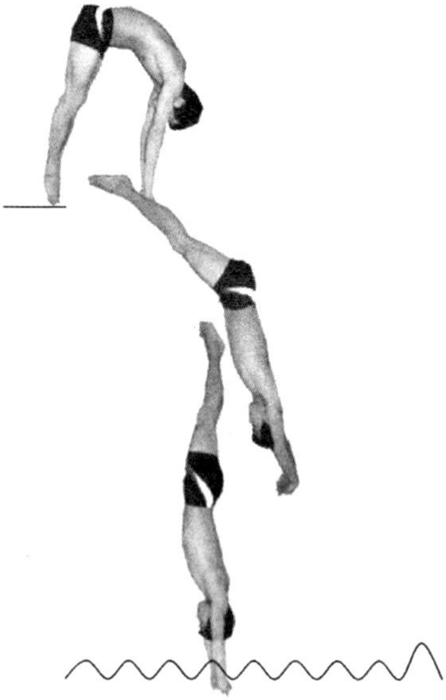

图 3-21　3 米板(台)向前并手的 B 式倒下

4.3 米板(台)向前分臂 B 式倒下动作过程

站板(台)上,躯干前倾下压,两手侧平举。然后提踵,身体前倾倒下。在倒下的过程中,注视水面,两腿并拢,脚尖绷直,展直髋关节。然后两臂伸直迅速靠拢两耳并手,掌心向外,入水时收紧腹部,用力伸臂成直体姿势入水.

图 3-22　3 米板(台)向前分臂 B 式倒下

5. 5 米、5 米以上台向前分臂的 B 式倒下(动作同上)

6. 3 米板(台)向前坐台的 B 式倒下动作过程

图 3-23　3 米板(台)向前坐台的 B 式倒下

坐在板(台)端,两腿伸直上举,两手抱住小腿后面,肘关节贴拢膝盖外侧,按着身体前倾倒下。头朝下时两臂分开,注意看水面.两脚并拢,脚尖绷直,摆腿展直髋关节。然后两臂伸直,迅速靠拢两耳并手,掌心向外。入水时收紧腹部,肘关节伸直夹紧头都,用力伸臂成直体姿势入水。

7. 5 米、5 米以上台向前坐台 B 式倒下(动作同上)

(三)向前的 C 式倒下

1. 3 米板(台)向前下蹲的 C 式倒下动作过程

板(台)边,身体下蹲,两手抱住小腿,肘关节贴拢大腿外侧,接着提踵,身体前倾倒下。在倒下的过程中,注视水面,同时伸直髋和膝关节,并往后上方伸腿,脚尖绷直,两腿并拢。然后两臂伸直迅速靠拢两耳并手,掌心向外。入水时,收紧腹部,肘关节伸直夹紧头部,用力伸臂成直体姿势入水。

图 3-24　3 米板(台)向前下蹲的 C 式倒下

3.3 米板(台)向前坐台 C 式倒下动作过程

坐在板(台)端,两手抱住小腿,肘关节贴拢大腿外侧,身体前倾倒下。在倒下的过程中,注视水面,同时伸直髋和膝关节,并往后上方伸腿,脚尖绷直,两腿并拢。然后两臂伸直迅速靠拢两耳并手,掌心向外。入水时,收紧腹部,肘关节伸直夹紧头部,用力伸臂成直体姿势入水。

图 3-25　3 米板(台)向前坐台 C 式倒下

3. 5 米、5 米以上向前坐台 C 式倒下(动作同上)

(四)向后的 A 式倒下

1. 1 米板向后的 A 式倒下功作过程

身体直立,脚掌着板(台),两臂伸直在头上方并手,两掌心向外,然后仰头带臂提踵,身体后前倾倒下。在倒下过程中,挺胸,仰头看水面,倾斜入水。

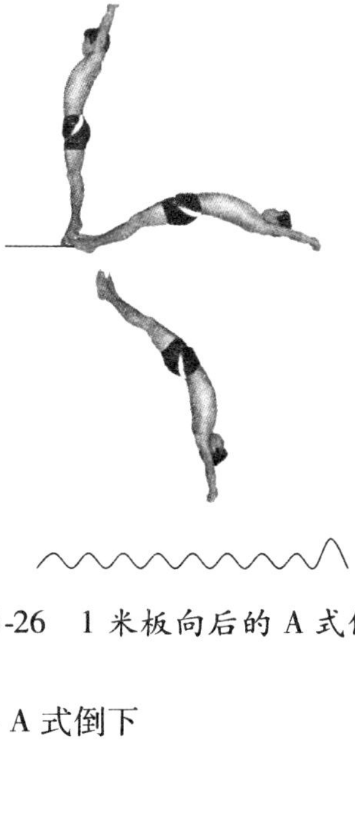

图 3-26　1 米板向后的 A 式倒下

2. 3 米板(台)向后并手 A 式倒下

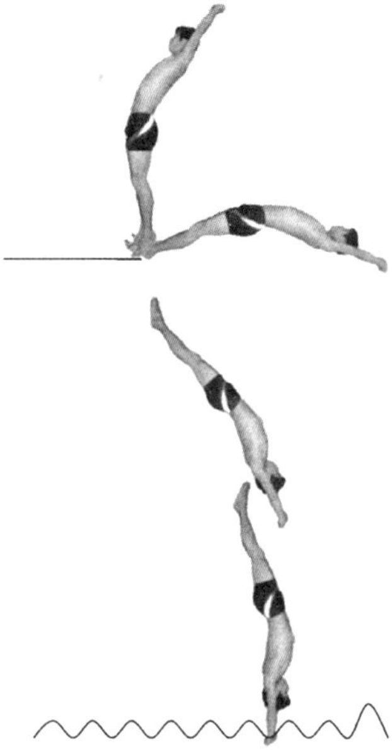

图 3-27　3 米板(台)向后并手 A 式倒下

3. 3 米板(台)向后分臂 A 式倒下动作过程

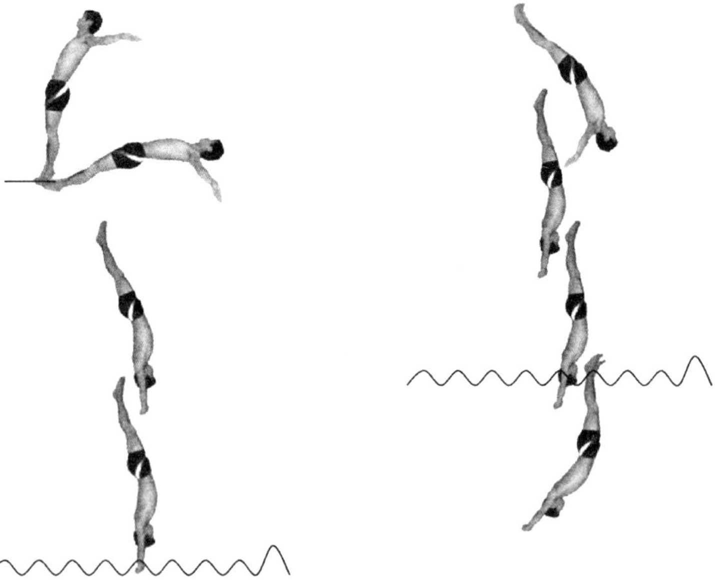

图 3-28　3 米板(台)向后分臂 A 式倒下及入水方式

身体直立,两臂侧平举,前脚掌着板(台),脚后跟悬空,然后仰头,身体后倾倒下。在倒下的过程中稍挺胸,仰头看水面,并收腹、紧臀,两腿并拢,脚尖绷直。然后两臂伸直,迅速靠拢两耳并手,掌心向外,手碰水时,减小仰头,肘关节伸直夹紧头部,用力伸臂入水。

4. 5 米台向后分臂 A 式倒下(动作同上)

(五)向后 B 式倒下

1.3 米板(台)向后 B 式倒下动作过程

躯干前倾下压,两臂伸直,两手摸板(台)面,前脚掌着板(台),脚后跟悬空,臀部后移倒下。在倒下的过程中,两腿并拢,脚尖往前上方伸出去,展直髋关节,仰头看水面。然后,两臂伸直,从体侧迅速靠拢两耳并手,掌心向外,手碰水时减小仰头,肘关节伸直夹紧头部,收紧腹部,用力伸臂入水。

图 3-29 3 米板(台)向后 B 式倒下

2. 5 米台向后 B 式倒下(动作同上)

(六)向后的 C 式倒下

1. 3 米板(台)向后“体侧并手”的 C 式倒下动作过程

身体下蹲，前脚掌着板（台），脚后跟悬空，两手抱住小腿，肘关节贴拢大腿外侧，然后身体后倾倒下。在倒下的过程中，同时伸直髋和膝关节。脚尖往前上方伸出去，两手贴大腿。仰头看到水面后，两臂经体侧迅速靠拢两耳并手，掌心向外。手碰水时减小仰头，肘关节伸直夹紧头部，收紧腹部，用力伸臂入水。

图 3-30　3 米板（台）向后“体侧并手”的 C 式倒下

2. 5 米台向后“体侧并手”的 C 式倒下（动作同上），但伸髋和膝关节的时间比 3 米板（台）早一些，且在展直身体后，如入水角度过大，只能紧腿和伸臂补救，不能入水瞬间压腿，最后，不要过早并手。

3. 3 米板（台）向后“体前并手”的 C 式倒下动作过程

身体下蹲，前脚掌着板（台），脚后跟悬空，两手抱住小腿，肘关节贴拢大腿外侧，身体后倾倒下。在倒下的过程中，同时伸直髋和膝关节，脚尖往前上方伸出，而手靠拢腹部并手。仰头看到水面后，两手经脚前、脸前伸向头顶，手碰水时减小仰头，肘关节伸直夹紧头部，紧腹，用力伸臂入水。

图 3-31 3 米板(台)向后“体前并手”的 C 式倒下

4. 5 米台向后“体前并手”的 C 式倒下(动作同上)

第四章

跳水运动基础练习

掌握基本技术是前提，通过练习提高实力是目的。基本掌握了跳水运动的技术动作知识后，接下来我们要在此基础上进行实际的练习。通过对起跳、空中动作和入水三个阶段的分解掌握，串联练习，加上一定的辅助训练，从而完成完整的跳水动作。

第一节　运动素质练习

跳水是一个技术性较高的运动项目。跳水者起跳后，必须在很短的时间内完成空中姿势和入水动作，要求跳水者必须具备良好的运动素质。运动素质一般包括柔韧、力量、速度、耐力和灵敏等。在群众性跳水活动中，虽然爱好者学习的动作不多，动作的难度不大，但起码要具备良好的柔韧素质和力量素质。

运动素质练习比较枯燥，但又是学习跳水不可缺少的练习内容。如果“三天打鱼，两天晒网”，经常中断练习，那么已经提高了的运动素质也会逐渐消退。通常，跳水爱好者难以进行全年系统练习，一般每周可练习 3 ~4 次，每次 20 分钟，选择两三个项目，早上和晚上均可。

一、柔韧

柔韧素质练习的主要目的是提高肌肉、肌腱和韧带等软组织的伸展能力。与其他技巧性运动项目一样，跳水运动对柔韧素质有较高的要求。柔韧素质是掌握动作技术重点条件之一。例如，肩关节柔韧性差的习者，起跳时，手臂难以充分上摆，这就会影响起跳的节奏和高度，入水时，手臂就不可能与身体成一直线，水花就会比较大。跳水姿势欠优美，也与柔韧素质有关。此外，良好的柔韧素质还能避免或减少受伤事故的发生。

柔韧练习要长期进行。练习时，动作由轻到重，幅度由小到大。借助外力帮助时，不能用力过猛。

（一）肩关节柔韧练习

练习1—压肩。分腿站立，躯干前倾，两臂伸直，两手扶齐髋高的肋木或桌面，挺胸、低头，然后躯干上下用力振动。请同伴加力下压肩背郁，则效果更好。

图4-1　压肩

练习2—拉肩。两手从后面扶住齐腰高的肋木或桌面，关节伸直。两手间距不超过肩宽，然后用力下蹲，把肩拉开。

练习3—转肩。两手握住木棍或绳子，以肩关节为回心做直臂向后及向前的转肩。随着肩关节柔韧性提高，可逐渐缩短两手之间的距离。

（二）髋、膝关节柔韧练习

练习1—耗腿。一腿支撑，一腿放在一定高度的肋木或椅子背上，膝关节伸直，脚尖绷直，静止3~10分钟。随着柔韧性提高，逐渐增加腿的高度。

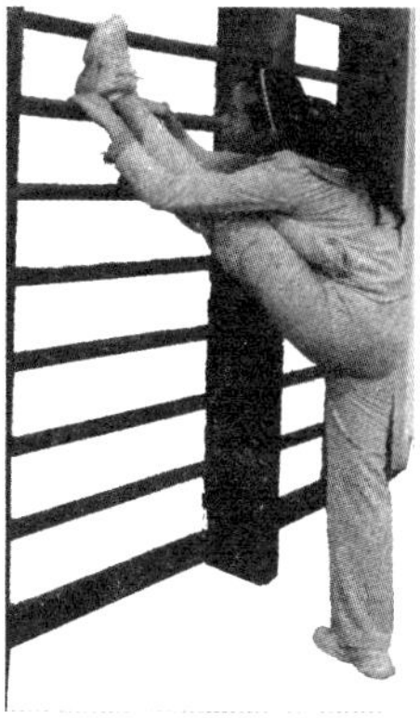

图4-2　耗腿

练习2—正面压腿。保持耗腿姿势，躯干反复下压。下压时，立腰挺胸，并尽量伸向脚尖，胸部贴近大腿。

图 4-3　耗腿与压腿

练习 3—劈叉。两腿分开,一腿在前,脚背朝上,一腿在后,脚掌朝上。臀部着地,呈前后叉,静止 3 ~ 10 分钟。然后.上体向前反复下压,胸部贴近大腿静止 10 ~ 20 秒。

图 4-4　劈叉

练习 4—站立体前屈。身体直立,躯干前屈下压,两手抓住脚腕,然后躯干有节奏地上下振动,使胸都尽量贴近大腿,下压 10 ~ 15 次后,两手抱住膝关节后部,胸部贴紧大腿。静止 5 ~ 10 秒钟。

图 4-5　站立体前屈

练习5—坐垫体前屈。坐垫上,两腿伸直两手抱头后部,立腰挺胸,躯干有节奏地反复下压,使胸部尽量贴近大腿。如有人帮助加力压后背则效果更佳。

图4-6　体前屈

练习6—踢腿。身体直立,右手扶住肋木或墙,左手侧平举。右腿支撑,左腿上踢。踢时伸直膝关节,绷脚尖。10~15次后换右腿。

图4-7　踢腿

(三)踝关节柔韧练习

练习1—跪压踝关节。绷直脚尖并拢跪在垫上,膝盖和脚背的前半部分垫高15厘米左右,使胫骨悬空,然后臀部坐在脚跟上,静止5~10分钟。

图4-8　跪压时候的踝关节方向

二、力量

力量素质是跳水运动员的基本素质之一。跳水者力量素质水平如何,直接影响到跳水技术的掌握和提高。腿部力量差，很难做好起跳；腰腹力量差，不可能做出规范、优美的空中姿势。

跳水者应根据自己的具体情况，选择有效的力量练习手段，重点发展腰腹力量。初练者要以自己的体重为主要负荷的练习为生，逐渐采用外加负重练习，以增大绝对力量（肌肉通过最大的随意收缩克服阻力时所表现的力量最高值），提高爆发力。然后，应做一些柔韧性练习和放松练习。

（一）上肢力量练习

练习1—俯卧撑。做时可加大两臂间伸展程度，或增加脚尖支撑点的高度来提高难度。另外还可做俯卧撑推起击掌。

图4-9　俯卧撑

练习2—引体向上。初练时可用摆振动作借力完成，力量增大后直接完成。

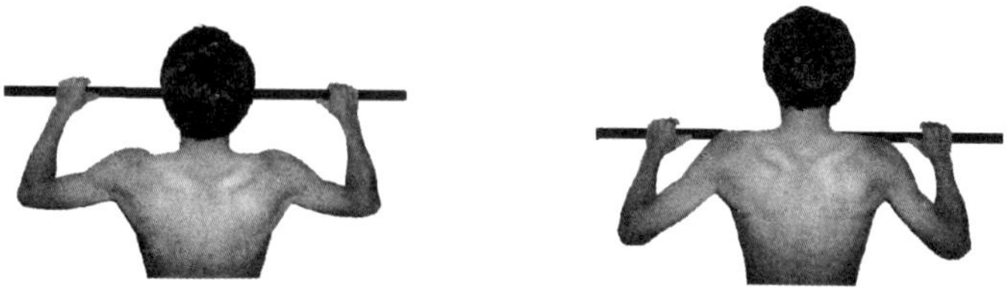

图4-10　引体向上

（二）腰腹力量练习

练习1—仰卧起坐。仰卧起坐时，膝关节伸直，两手抱头。初练时可请同伴压住两脚。还有一种方法，即仰卧起坐时，膝关节弯曲，两手抱头（这种练习效果比直腿仰卧起坐好）。反复做。

图4-11　仰卧起坐

练习 2—仰卧抱膝打开。仰卧垫上，两臂伸直靠近躯干，两腿伸直，然后上体仰起，同时屈髋、屈膝，两手抱小腿，接着还原。反复做。

图 4-12 仰卧抱膝打开

练习 3—仰卧屈体打开。仰卧垫上，仰起同时屈髋举腿。两手摸脚背，然后还原。反复做。练习过程中膝关节应始终伸直。

图 4-13 仰卧躯体打开

练习 4—悬垂举腿。第一种，两手握单杠或肋木，身体悬垂，然后做向上收腿的动作，使大腿贴胸。第二种，预备姿势同前，然后伸直两腿进行举腿，使脚背尽可能碰单杠或肋木,反复做。

图 4-14 悬垂举腿

(三)下肢力量练习

练习 1—单、双腿跳台阶(或跳楼梯)。1 次可跳 2 ~ 3 级,连续跳 15 ~ 20 次为 1 组。

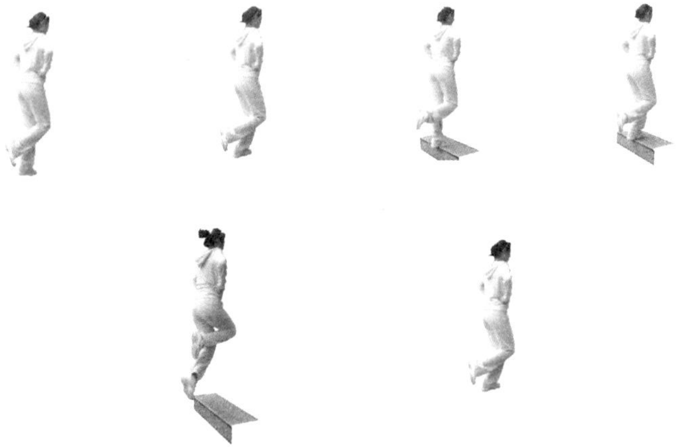

图 4-15 跳台阶

练习 2—跳绳。各种单足跳、双足跳、双飞跳(每跳 1 次,绕绳 2 周)。

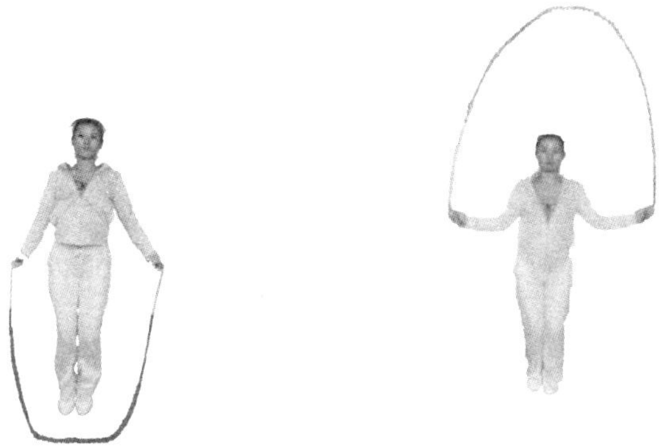

图 4-16 跳绳

练习 3—起踵。双手扶墙或桌面,脚掌垫高 5 ~8 厘米,使两脚跟悬空。练习时臀部夹紧,身体正直,脚跟尽量抬高,然后放下,重复练习。做时膝关节始终伸直,脚跟放下时应碰地面。

图 4-17 起踵

二、速度

速度素质也是跳水运动员基本素质之一,可分为反应速度、移动速度和动作速度。

跳水者的反应速度可在练习跳水动作的过程中得到发展。动作速度可通过多种陆上练习得到发展和提高。为发展动作速度,还要进行移动速度练习。

(一)动作速度练习

用最快速度完成规定次数,或在规定的时间里完成尽可能多的动作次数。

练习 1—快速仰卧起坐。

练习 2—快速仰卧举腿。

练习 3—快速仰卧屈体打开。

练习 4—原地快速做高抬腿。

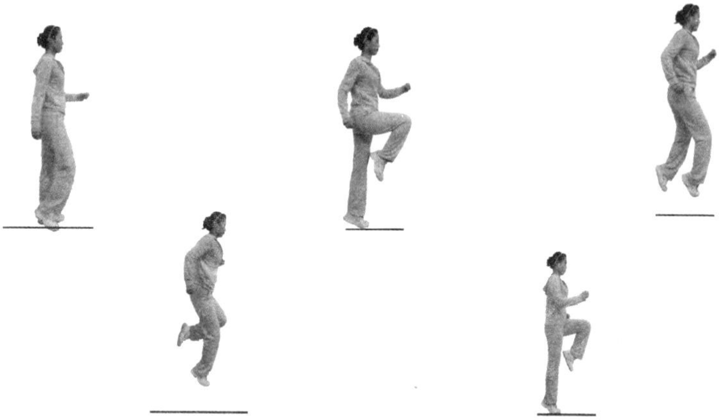

图 4-18 高抬腿

如果有条件的话，还可按照动作技术要求进行陆地专项技术练习，以提高翻腾转体速度。

练习 1—弹网翻腾 1 周、2 周。

练习 2—弹网翻腾 1 周转体 1 周、1 周半、2 周。

练习 3—陆地板翻腾 1 周、两周。

练习 4—陆地板翻腾 1 周，转体 1 周、1 周半、两周。

练习 5—连续做垫上后空翻。

（二）移动速度练习

练习 1—30 米跑

练习 2—100 米跑。

练习 3—快速跑台梯。

第二节 跳水意识练习

跳水意识练习包括倒立练习、控制身体能力练习和模仿练习。倒立练习不需要任何器械，简单易行。每隔 1 天练习 1 次，每次练习 2 ~ 3 组，每组 1 ~ 3 分钟即可。陆地控制身体的练习有腿部控制练习和入水姿势控制练习。控制身体的练习可在水上练习前一个月进行，每周可安排8次，早上和晚上均可。

正确的模仿练习不仅能加快学习跳水动作的进度，而且还有利于掌握规范的动作姿势和合理的动作技术。模仿练习应与水上练习紧密结合。在学习跳水动作之前，应先在陆地做模仿动作（在改正错误动作时也要做模仿）。模仿练习应贯穿水陆练习全过程，每天早晚和跳水练习之前做准备活动时，都可进行。

一、倒立

倒立姿势与跳水的入水姿势十分相近。初学者应经常做各种倒立练习，增强头朝下时的判别能力。有一定基础的练习者也应经常练习倒立，以体会正确的入水姿势，提高入水的准确性，此外，经常练习倒立还可有效地提高上肢的支撑力量，这对学习入水压水花技术是有帮助的。

（一）靠倒立练习

练习1—背靠墙倒立。面对墙，两臂距离略窄于肩，指尖距墙10厘米。可采用单腿摆起成倒立。成倒立姿势后，两腿伸直，绷紧脚尖，夹臀，两臂夹于耳后部向上顶肩，头稍稍仰起，与入水姿势相似。

练习2—腹靠墙倒立。背对墙站立，两手撑地。动作同练习一。

图4-19 倒立

（二）摆倒立练习

摆倒立是靠身体本身的摆腿倒立，难度较大，如果要学习跳台的臂力动作必须掌握摆倒立。

摆倒立时，两手撑地，肩稍前倾，五指分开，微屈，两臂同肩宽。然后，一腿后摆，另一腿蹬地，摆动腿超过垂直地面，蹬地腿上并拢，脚尖绷直。当身体失去重心将要翻转，练习者可以用力抓地、仰头、塌腰，进行调整。当身体要掉下来时，可以靠屈肘、收髋调整。

图 4-20　摆倒立

二、控制练习

跳水爱好者，初学时会出现勾脚尖、塌腰或者弯腿。究其原因，一是不知如何控制身体，另外就是腰腹力量不好，然后是肌肉用力方法不对。因此要进行专门的控制身体练习，这不但可提高肌肉运动感受性，而且还可以学会用力的方法。

（一）腿部控制练习

练习 1—勾绷脚尖。

图 4-21　勾绷脚尖

练习 2—直腿举起静力控制。坐于垫子上，两手放于体后支撑，两腿并拢，绷直脚尖上举两腿，距垫子 5～10 厘米，静止几秒钟。

（二）入水姿势控制练习

初学者常见的错误是身体不直，其原因是腹部力量和腰部力量不好。通过以下简单的练习对提高跳水者的动作有一定的帮助。

练习 1—仰卧支撑静力控制。

图 4-22　仰卧支撑

练习 2—俯卧支撑静力控制。

图 4-23 俯卧支撑

三、模仿练习

模仿练习是跳水基础练习的重要内容之一,无论是新学动作,还是在后来的改进以及技术的提高,都要进行很多专门的模仿练习。

根据跳水动作起跳、腾空和入水的三个阶段可以把模仿练习分为起跳模仿、空中姿势模仿和入水模仿。

练习 1—向前做立定起跳的跳下模仿。身体直立,站在高 20 厘米左右的石梯旁边,两臂侧平举,在身体下蹲的同时,两臂从体侧向后方向做弧形下压上摆的动作,然后蹬地向前起跳。落地后,脚跟距石梯 30 ~ 40 厘米,要求落点准确,站立平稳。

图 4-24 向前做立定起跳的跳下

练习 2—做向后立定起跳的跳下模仿。基本动作同上,不同的是向后站立时,脚后跟要悬空。

图 4-25　后立定起跳的跳下

练习 3—“101A”的分臂模仿。身体直立，两臂伸直从体前上摆至两耳旁，右腿前跨 30 厘米，同时分臂成体前倾的侧平举，要求左腿与躯干成一条直线，然后退回原位，两臂体侧并手夹住头部。

图 4-26　“101A”的分臂模仿

练习 4—“101A”的俯卧模仿。身体俯卧垫上，两臂侧平举，目光注视前方，胸部不离垫，脚背离垫 5 厘米左右，静止一段时间。

图 4-27　“101A”的俯卧模仿

练习 5—“101B”的模仿。身体直立,两臂伸直从体前上摆至两耳旁,然后上体下压体前曲,同时左腿伸直,绷直脚尖前移 10 厘米,两手摸脚背,眼视脚尖,稍停顿,展直身体,左腿退回原位,两臂体侧并手夹住头部。

图 4-28 “101B”的模仿

练习 6—“101C”模仿。身体直立,两臂伸直从体前上摆至两耳旁,低头下蹲,同时两臂从体侧抱住小腿,眼视脚尖,然后展直身体,两臂体侧并手夹住头部。

图 4-29 “101C”模仿

练习 7—“201A”的模仿。身体直立,两臂伸直从体前上摆至两耳旁,右腿后退约 20 厘米,左脚脚尖点地,在右腿后退的同时分臂成侧平举,仰头、收腹,眼视上方。然后左腿向右腿靠拢,两臂体侧并手两臂体侧并手夹住头部。

图 4-30 “201A”的模仿

练习 8—“201B”打开的模仿。右腿弯曲,左腿伸直。脚尖点地,含胸躬背,两臂伸直,手摸脚背。然后展直身体,同时左脚尖擦地伸直。接着两臂体侧并手夹住头部成直立。

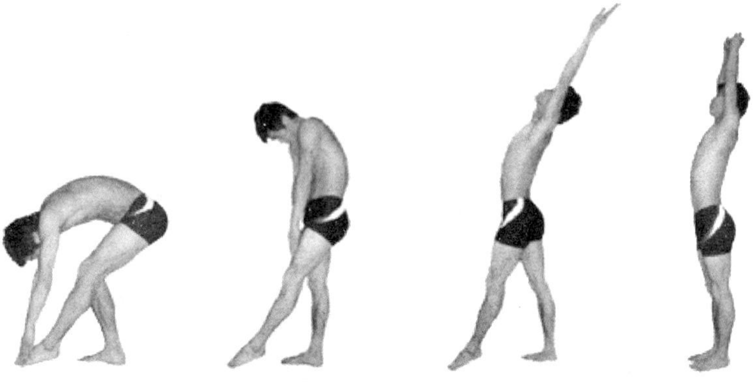

图 4-31 “201B”打开的模仿

练习 9—“5211A”的模仿(以向右转体为例)。身体站立,左腿前移约 50 厘米,躯干后倾,两臂伸直贴拢两耳。然后分臂向右转体半周成单脚支撑稍前倾,双手侧平举。然后展直身体,两脚并拢,两臂体侧并手夹住头部,用力伸臂。

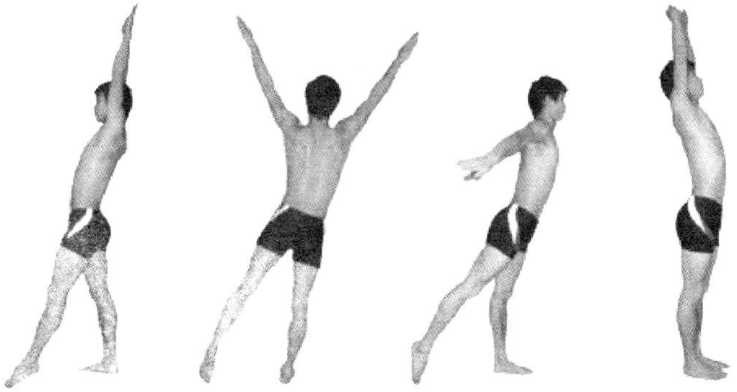

图 4-32 “5211A”的模仿

第三节 陆地技术练习

陆地技术练习包括跳板、弹网、前后空翻等项目。跳水爱好者要想掌握合理规范的跳水动作，则需进行陆地练习。因为这些练习的许多内容除没有入水外，其起跳和空中动作与水上跳水动作基本相似。借助他人的保护和帮助，爱好者可加快学习进程和提高动作技术。

一般有条件进行陆地练习的爱好者，学习的跳水动作要多些，难度要大些。

一、陆地跳板

陆地跳板的高度一般不超过 1 米。跳板前端放置较厚的塑料泡沫垫，起缓冲作用。根据动作的要求，还可以增高或减低泡沫垫的高度。

陆地练习不受季节，气候影响，练习者常年都可以进行重复练习，以及陆地跳板动作结束时不用入水，缩短了每个动作之间的动作间隔，因此能节省体力，增加动作次数，加大训练密度。在陆地跳板上练习翻腾或转体等难度动作时，保护者可以在板端旁给予助力和保护，有利于练习者迅速提高动作质量。因此陆地练习普遍使用于优秀跳水队和业余体校的训练。

(一)基本动作练习

练习 1—连续弹板。练习者在板端 50 厘米的范围内做迅速弹板动作，以熟悉弹板的特性，掌握弹跳节奏。

练习 2—向前立定起跳。通过向前立定起跳做 A、B、C 式的跳下练习，学习和提高向前立定起跳技术。练习者落垫后，保持平稳，脚跟距板端约 50 厘米。

练习3—向后立定起跳。通过向后立定起跳做A、B、C式的跳下练习，学习和提高向前立定起跳技术。练习者落垫后不能前倾和后靠，保持平稳，脚跟距板端约50厘米。

练习4—走板起跳。在跳板上量出走板的步距，并做好标记。通过走板起跳做A、B、C式的跳下练习，学习和提高走板起跳技术。练习者落垫后不能前倾和后靠，保持平稳，脚跟距板端约50厘米。

（二）半周动作练习

练习1—向后跳水屈体（201B）背部着垫

练习2—向后跳水抱膝（201C）背部着垫

（三）翻腾动作练习

练习1—向前翻腾1周抱膝（102C）

练习2—向前翻腾1周躯体（102B）

练习3—向后翻腾1周抱膝（202C）

练习4—向后翻腾1周半抱膝（203C）背部着垫

练习5—向后翻腾1周屈体（202B）

练习6—向后翻腾1周直体（202A）

练习7—反身翻腾1周抱膝（302C）

练习8—反身翻腾1周屈体（302B）

练习9—向内翻腾1周抱膝（402C）

练习10—向内翻腾1周屈体（402B）

（四）转体动作练习

练习11—向前翻腾转体1周（5122D）

练习12—向前翻腾转体两周（5124D）

练习13—向后翻腾转体半周（5221D）

练习14—向后翻腾转体1周半（5223D）

练习15—反身翻腾转体半周（5321D）

练习16—反身翻腾转体1周半（5323D）

第四节　池边辅助练习

坐水练习

(一)201C 式坐水

图 4-33　201C 式坐水

(二)301C 式坐水

图 4-34　301C 式坐水

(三)201B 式坐水

图 4-35　201B 式坐水

(四)301B 式坐水

图 4-36　301B 式坐水

(五)612C 式坐水

图 4-37　612C 式坐水

(六)621B 式坐水[1]

图 4-38　621B 式坐水

① 张炳坤. 跳水[M]. 第一版. 上海:教育出版社,1980,5.

第五章

运动损伤的辨别和防治

运动损伤是指运动员运动过程中发生的各种损伤。其损伤部位与运动项目、专项技术特点有关。跳水者在平时练习跳水时由于身体不能承受施予的负荷或过度的疲劳都可能导致运动损伤。本章就几种常见的运动损伤为例，介绍几种主要辨别和防治的办法从而让跳水者能在学会保护自己的前提下享受跳水运动。

第一节 痛经

(一)原因

女性在月经来潮时，由于盆腔充血有小腹部轻度坠胀感。凡在月经期前、中、后发生剧烈的腹痛甚至下腹部有阵发性绞痛，伴有恶心、呕吐、脸色苍白、尿频、便秘或腹泻等不适症状以致影响正常工作和生活，则称为痛经。痛经又分为原发性痛经和继发性痛经。其中器质性病变引起的继发性痛经较少，大多属原发性痛经。花样游泳的运动员由于其特殊的训练环境，造成了其长期在温差较大，低于正常体温的环境下练习，所以很容易诱发痛经，我们从“以人为本”的角度出发，必须重视女运动员的此方面问题。痛经的原因是多样的，可以从生理和心理两个方面加以说明：西医研究证明，痛经者子宫内膜和血中某前列腺素含量比正常妇女明显升高，这可引起子宫过于强烈的收缩，从而导致宫腔内压力增高，此外子宫肌壁还因缺血而产生剧烈疼痛；另一方面，某前列腺素可引起肠胃系统、泌尿系统、心血管系统平滑肌的过强收缩，从而出现恶心呕吐、尿频、腹泻以及心血管系统的症状，这种内分泌系统的紊乱与心理活动、生理原因有着密切的关系。有学者报道痛经的心理因素包括以下两方面：(1)少女初潮时，由于缺乏有关的生理知识，因突然流血而惶恐不安；(2)受其他女性月经时痛苦体验的暗示，当月经来潮时就产生了恐惧、苦恼及紧张不安，心理上的不安引起下丘脑－垂体－卵巢轴的失调而使痛经加剧。

除上述两点心理因素外，运动员还必须承受比赛时巨大的心理压力、训练时的精神紧张，尤其是大赛前，更是有一种焦虑情绪的存在，而作为女运动员这种心理尤其明显。

(二)康复方法

在预防方面,对初潮的运动员要及时给她们讲解有关的生理知识,纠正不正确的认识,排除恐惧和疑虑。同时可给她们讲解引起痛经的因素,调整她们在经前、经期、经后的精神状态,保持心情轻松愉快。另外,督促她们在经期避免过冷过热的刺激,尤其下腹部要注意保暖。尽量减少经期中下水的时间,运动后及时用温水冲淋,迅速穿好衣服。在饮食上禁冷饮,多吃水果蔬菜,多饮开水,保持大便通畅。生活要有规律,保持充足睡眠。由于前列腺素的产生是痛经的主要原因,因此抑制前列腺素合成酶的活动可减少前列腺素的释放量,从而可减轻甚至消除痛经。也可采用中医中药、体针、耳针、水针、推拿。①

第二节　腕关节损伤

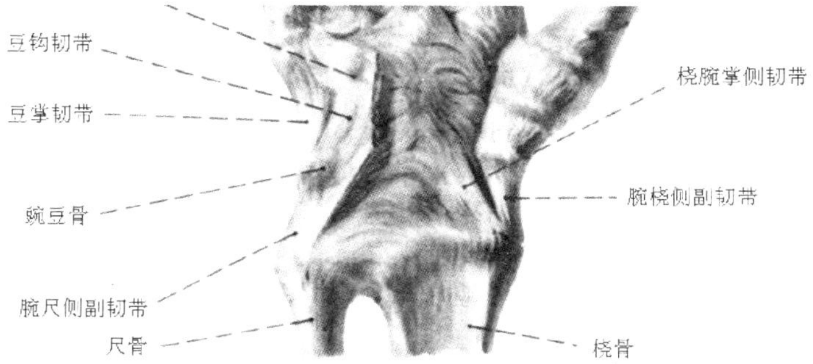

图 5-1　腕关节部分韧带图

(一)原因

跳台选手在做第六组动作时先在台上控倒立 3 ~ 5 秒,所以日常陆上训练需要大量练习“控倒立”和倒立爬行。此时两侧手腕以过伸姿势支撑了全身的重量,腕关节处负荷过大,此外入水时手腕同样保持过伸状态,入水瞬间承担了水面巨大的冲击力。因此长期的局部压力性负荷过重导致腕关节发生损伤。

(二)临床表现

腕关节损伤。伤后出现腕部无力,腕关节活动不灵。轻伤一般无明显肿胀、疼痛不甚,仅在大幅度活动腕关节时始有疼痛。严重扭伤,腕部肿胀、疼痛较重,不能活动腕关节或活动时疼痛加剧。检查时,将腕关节用力掌屈,背侧出现疼痛,则说

① 王建琴,王金勇. 花样游泳运动员原发性痛经临床分析及防治[J]. 南京军医学院学报,2006.06.02－24

明腕背侧韧带与腕伸肌腱损伤;反之,则为腕掌侧韧带或腕屈肌腱损伤。如将腕关节用力向尺侧偏斜,桡骨茎突部出现疼痛,则为桡侧副韧带损伤;反之,则为尺侧副韧带损伤。如腕部各个方向的活动均出现疼痛,而且活动明显限制,则说明是韧带、肌腱等的复合性损伤。

(三)康复方法

运动员发生腕部症状后应及时检查,明确诊断,若合并其他损伤如舟骨骨折或月骨周围性损伤,应当及时复位或手术治疗。若不能进行手术,建议减少倒立练习,给予休息、物理疗法、适当局部封闭,严重者给予复位、固定。此外腕关节的屈伸练习可能对于增加关节的稳定性有一定帮助。从预防角度看,倒立练习的运动量应适宜,避免在疲劳状态下进行练习,其次注意运动员入水时技术动作的正确性。①

第三节　腰椎间盘突出

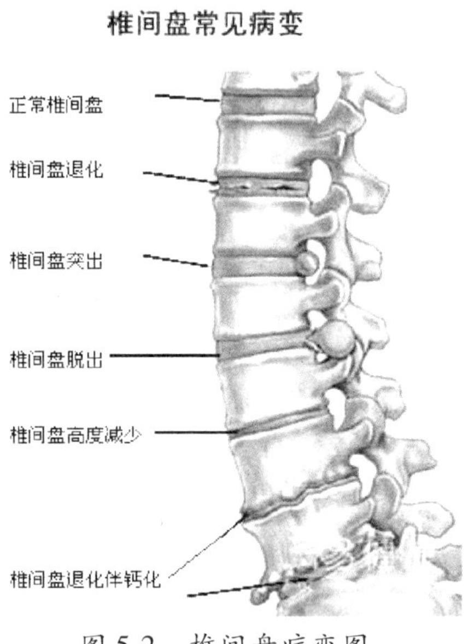

图 5-2　椎间盘病变图

(一)原因

腰椎间盘突出症也是跳水项目多发的一种损伤。运动员每天进行陆上训练课

① 张鹏,孙亮,钱风雷.上海优秀跳水运动员的伤病调查[J].体育科研.2007.05－28

时都包括上网弹跳的专项训练。由于垂直弹跳时网的反弹力对脊柱产生垂直冲击力,椎间盘长期受压而变性。运动员做屈体空翻时,脊柱屈曲同时旋转,椎间盘髓核后移并挤压后面纤维环,可能使纤维环破裂而致腰椎部椎间盘突出。

(二)临床表现

主要是下腰痛和坐骨神经痛,发病前常有腰部扭伤史,腰部劳累史或腰部受寒史。

此腰腿痛因行走站立久坐等活动后加重,卧床休息后可暂时缓解,一侧或双侧下肢痛沿坐骨神经分布的放射痛,沿臀部到大腿后面或外侧及小腿外后侧至足背或足底,个别病人疼痛可始于小腿或外踝。

半数病人可因咳嗽、打喷嚏或腹部用力而下肢疼痛加重。对于高位的腰椎间盘突出症患者,其症状多表现于下腹部腹股沟区或大腿前内侧疼痛。中央型椎间盘巨大突出患者,可发生大小便异常或失禁、马鞍区麻木,严重者可出现足下垂。有一部分腰椎间盘突出的患者,因其腰部交感神经受刺激而表现出下肢发凉,有的还可出现单侧或双侧下肢水肿。[①]

(三)康复方法

治疗应注意卧床休息,脊柱牵引,物理治疗,急性期应尽可能减少屈体动作,必要时手术治疗。康复训练尤为重要,应着重增强背部肌群和腹部肌群的力量。预防方面,建议加强背伸肌群力量练习,增强肌肉对脊柱前屈的限制。陆上练习特别是力量训练时注意腰椎的保护,动作要正确,比如杠铃深蹲时避免躯干前倾弯曲。

第四节　眼角膜损伤

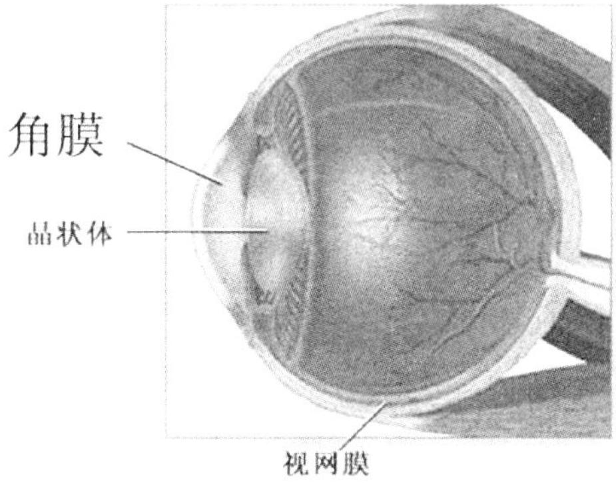

图 5-3　角膜

① 张钧. 体育康复学[M]. 桂林:广西师范大学出版社, 2005. 7

（一）原因

跳水运动的特殊性决定了运动员必定要使其眼睛与水激烈地作对抗性运动，长期如此，可能造成眼外伤、角膜瓣移位甚至丢失。

（二）临床表现

患者均有不同程度的畏光、流泪、异物感、视物变形、视力下降。就诊时视力为0.01 ~0.6m，平均0.25m。裂隙灯显微镜检查见角膜瓣局部或全部向一侧移位、错位、角膜瓣水肿、皱褶、蒂部断离，时间长者角膜瓣下及基质床上有上皮覆盖。

（三）康复方法

确诊后立即行角膜瓣移位复位术。

第五节 肱三头肌拉伤

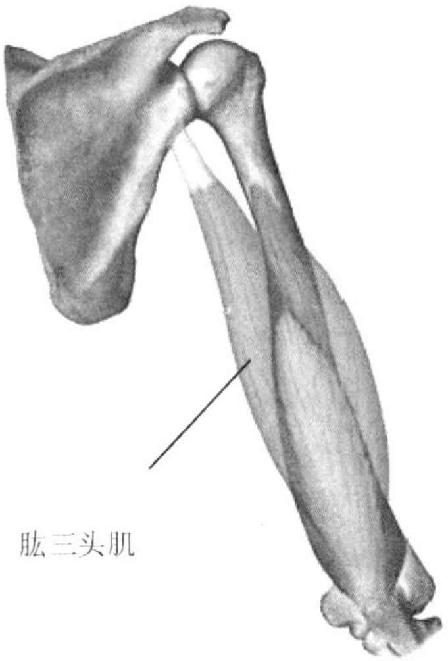

5 -4 肱三头肌

（一）损伤原因

肱三头肌拉伤主要见于跳台运动员。由于10米跳台的第六组动作需倒立，运动员快速屈肘关节后用力伸肘使身体离台，此时肱三头肌需在承担体重的负荷下快速收缩。陆上专项力量训练中也包含了大量的肱三头肌肌力练习，若长期过度训练会造成肱三头肌的局部疲劳，因此容易拉伤。

（二）临床表现

患者受伤后都有肘部及上臂疼痛，不能伸肘或伸肘力量明显减弱，上臂后侧可见隆起包块，同时可触及凹陷、空虚，局部压痛明显，穿刺可发现血肿形成，X

线检查未发现骨折征象或仅有尺骨鹰嘴最小片撕脱骨折。

（三）康复方法

均行手术治疗，取上臂后侧或肘后正中切口，切开皮肤及皮下浅筋膜，暴露受损部位，清除血肿。若为肌腹断裂，则行肌肉吻合。若肱三头肌腱从尺骨鹰嘴上撕脱，则需暴露尺骨鹰嘴，清除尺骨鹰嘴软组织准备植入处，寻找回缩的肱三头肌近端，在肱三头肌两侧纵行游离腱膜，在尺骨鹰嘴上纵行钻 2 个骨髓道。用钢丝在肱三头肌断端编织后，穿过骨髓道拧紧固定。术中注意保护尺神经及桡神经，术后屈肘 30 度石膏托外固定，术后 3 ~4 周间歇去石膏托肘关节功能锻炼。

第六节　膝关节损伤

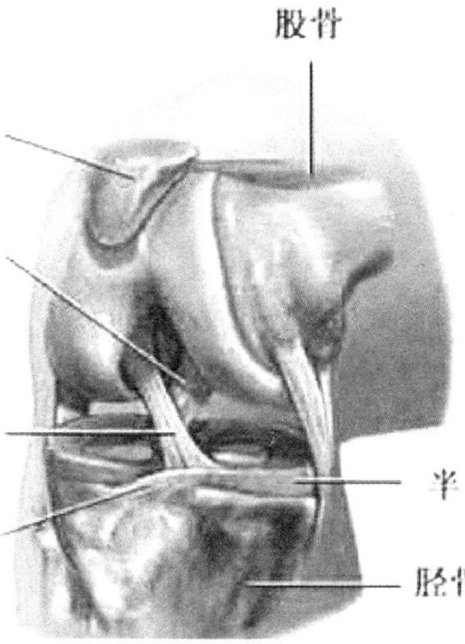

图 5-5　膝关节

（一）损伤原因

膝关节是身体上承重的大关节，在各种体育运动中均占有重要地位，膝关节结构也最复杂，运动时膝关节为适应动作的需要，承受的外力复杂且多样，一旦因为受力使其运动幅度超出解剖学活动范围或违反运动生物力学规律即可造成内侧副韧带损伤。跳水运动员长期的对膝关节施压，膝屈曲在 150 ~160 度时，暴力直接作用于外侧，迫使膝过度外翻，造成膝内侧副韧带损伤，内侧副韧带损伤因损伤程度不同分为部分断裂，完全断裂，合并半月板破裂或十字韧带断裂。前交叉韧带分为后外束和前内束。后外束屈膝曲位 30 度，膝盖内翻，前内束膝盖屈曲 90 度紧张，膝外翻容易撕裂。

（二）膝内侧副韧带不完全断裂

1. 临床表现

受伤时膝部内侧常突然剧痛，但又立即减轻，裹扎绷带粘膏固定后能继续运动，但随后疼痛逐渐加重，且于韧带受伤处有压痛感，膝关节保持在屈曲位置，被动伸直有抵抗感。检查时如已发现产生血关节，应即刻抽出，然后于压痛明显处注射针剂，消除痉挛再进行伸膝检查，如经处理后，膝可伸直，且搬动时又无痛的异常活动，即可确诊为内侧副韧带不完全断裂。

2. 康复方法

治疗损伤的早期，主要防止创伤部的继续出血，加以适当固定，以防再伤。一般采用的方法是以橡皮海绵和弹力绷带压迫包扎后局部再以冰袋冷敷并治疗伤肢，休息 30 分钟后，再在原有的弹力绷带外面裹上棉花夹板，这样不仅可止血，还可以制动。24 小时后，打开棉花夹板与弹力绷带，重新观察局部变化情况，一旦出血停止转为局部热疗外敷中药以促进血吸收，促进局部的血液循环。在创伤后 48 小时内，可按摩与热疗，但只能在创伤的周围部分施用。

（三）膝内侧副韧带完全断裂

1. 临床表现

膝关节内侧显著肿胀，皮下瘀血，青紫，有明显压痛，关节活动受限，如将积血抽出后，则关节活动即可恢复，在副韧带损伤处摸到有失去联系的裂隙。诊断方法：分离试验阳性。先在内侧副韧带压痛处施行普鲁卡因封闭，在膝关节轻度屈曲位下，轻轻用力外展小腿，则感觉膝关节内侧间隙加大，关节面相互分离，放松外展时，则关节面有相互冲撞的声响，为分离试验呈现阳性。

2. 康复方法

由于膝内侧副韧带深层与内侧半月板边缘相连膝内侧副韧带完全断裂可能合并半月板损伤或十字韧带断裂。如果早期肯定为完全断裂，即应早期进行手术缝合，如合并前十字韧带断裂者，须先缝合十字韧带，然后缝合修补内侧韧带，如内侧副韧带断裂合并半月板损伤者，应先切除半月板，然后缝合断裂韧带。

（四）内侧副韧带断裂的预防

1. 运动中要注意膝关节的运动形式及幅度范围，使其在解剖学活动范围内运动并遵循运动生物力学规律。

2. 运动前做好充分的准备活动，提高关节的灵活性和协调性，要从思想上认识到膝关节内侧副韧带损伤的危害性，加强保护和自我保护意识。

3. 运动中首先应掌握正确的运动技术，其次是不宜在半蹲位长时间练习，要合理安排训练，避免下肢过度疲劳，注意环境卫生，尽量减少膝关节碰撞动作。

4. 练习膝关节周围肌肉的力量、柔韧、耐力及爆发力，如(1)自立性股四头肌练习,(2)静力半蹲。[①]

(五)前交叉韧带损伤

1. 临床表现

膝关节屈曲90度,小腿垂下,检查者用双手握住胫骨上段作拉前和推后动作,并注意胫骨结节前后移动的幅度,前移增加表示前交叉韧带断裂。由于正常膝关节屈曲90度位置下胫骨亦能有轻度前后被动运动,故需将健侧与患侧作对比。

单独前交叉韧带断裂时,胫骨前移幅度仅略大于正常,若前移明显增加,说明可能还合并有内侧副韧带损伤。

2. 康复方法

凡不满2周的前交叉韧带断裂,应争取手术缝合。如果在韧带体部断裂,最好再移植一根肌腱以增强交叉韧带的稳定性,一般选用髌韧带的中1/3作为移植材料,对部分断裂者,可以缝合断裂部分,再石膏制动4~6周,目前主张在关节镜下作韧带缝合手术。

3. 预防

避免创伤。

第七节　胫骨损伤

(一)胫骨骨膜炎

1. 原因

胫骨疲劳性骨膜炎及骨折的发生则与运动员过多的跑跳练习有关,主要包括陆上的跑步及大量跳跃练习如跳高垫、跳台阶等等。由于胫骨骨膜受到足跖屈时肌力的不断牵扯,使骨膜逐渐剥离,受损骨膜下产生渗出、炎症,局部血循受阻而供血不足,久之可使骨皮质疏松、变性,在负重情况下,易产生疲劳性骨折。

2. 临床表现

无外伤,但都有跑跳过多的历史,特别是疲劳性训练。出现症状缓慢,病症逐渐加重,初期主要表现在运动后出现疼痛,休息后症状减轻,甚至消失。参加运动后出现疼痛,特别是负荷较大的后蹬跑、单脚跳、蹲跳运动时,疼痛逐渐加重。在急性发病期有水肿,小腿下段较明显,用手触压有锐痛感觉,走路时出现跛行,X透视无异常现象,特别严重者X透视有骨膜增生反应。

3. 康复方法

(1)发病初期即单纯性胫腓骨骨膜炎,发生后可不必停止训练,这时要及时调

---

① 郑星.膝关节内侧副韧带运动损伤的机制及防治[J].科技信息,2009.6:502~580

整下肢负荷量，减少跑跳运动，特别是大负荷的后蹬跑、单脚跳和疲劳的长距离跑练习，同时可以用绷带包扎小腿，采用热敷方法治疗。在炎症消退和组织恢复并产生适应性变化时，使骨组织的负荷能力逐渐提高，并随着力量的加强逐渐加大训练量。

（2）重症者应停止训练，并用绷带裹扎小腿，抬高患肢或请医生治疗，治愈后重新参加训练时，运动负荷不要太大，以免再次发病。

4. 预防方法

（1）形成正确的技术动作。

（2）合理安排训练负荷。

（3）针对性地加强小腿肌肉力量和韧性练习。

（4）伤后恢复期参加运动训练时，应戴保护带，循序渐进，勿操之过急。

（5）训练前充分做好准备活动。

（6）运动训练结束后要积极进行训练恢复和放松。在冬季要防止小腿受凉，可采用按摩、热水浴等方法及时消除小腿肌肉疲劳。

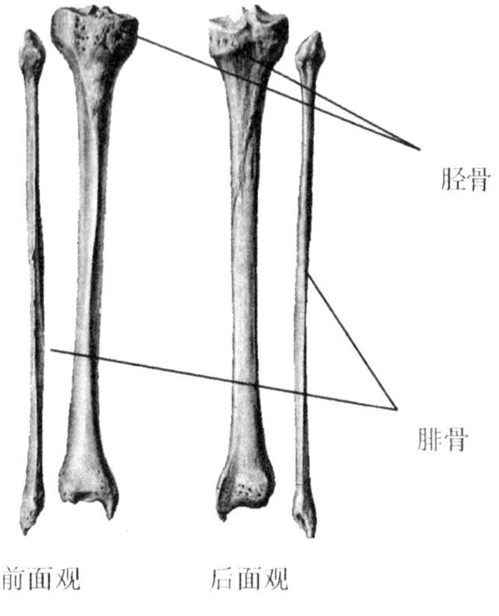

图 5-6　胫骨与腓骨

（二）胫骨骨折

1. 损伤原因

胫骨骨折的原因基本与胫骨骨膜炎的原因一样，跳水运动员在练习弹板或者蹬踏起跳时，身体重力以及支撑反作用力反复作用于下肢，其小腿肌肉附着骨膜处长期受到牵拉、摩擦，致使胫腓骨骨膜出现炎症。胫骨骨膜炎的发生主要与跑、跳过程中比目鱼肌、趾长屈肌及腔骨前肌的猛烈收缩有关;腓骨骨膜炎则与拇长屈肌、腓骨长短肌的牵拉有关。

2. 康复方法

本骨折固定期较长,下段骨折近踝关节时,容易后遗踝关节功能障碍。经骨科处理后 3 ~5 天开始做保健体操、未被固定关节主动练习和股四头肌静力练习。第二周增加踝屈伸和趾屈伸静力性练习。去除固定后,开始踝、趾各轴位、各方向的主动运动。1 周后增加踝屈伸和屈趾练习。2 周后,增加踝内、外翻抗阻练习和增大踝屈伸活动度的牵引。骨折基本愈合后,开始踝屈伸和内外翻牵,依次作部分和全部负重的站立、步行练习。还可以采用药物或理疗。

第八节　踝关节损伤

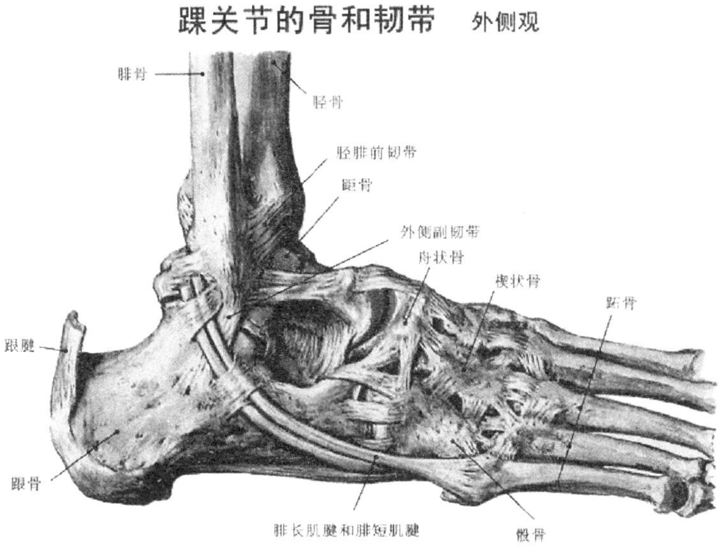

图 5-7　踝关节

(一) 原因

踝关节是运动中最常见的损伤部位,在跳水运动中也不例外,由于跳水运动员在练习起跳的过程中,身体的重力,地面的反作用力都会被踝关节和膝关节分担,长期的对抗力,就会导致踝关节外侧韧带较内侧松弛,所以容易扭伤。如不及时治疗,会导致韧带松弛,关节不稳定,引起关节面反复撞击,继发软骨损伤,骨赘增生,最终发展为骨性关节炎。

（二）临场表现

1. 常见症状为患肢疼痛、肿胀、皮下青紫等，伤后踝部肿胀及功能障碍情况。

2. 局部除一般检查外，应注意内踝与外踝骨突处有无压痛及变形。重复损伤机制可引起疼痛。

3. 常规摄踝关节正侧位 X 线片，除确定有无踝部骨折外，尚应注意有无胫腓下关节分离。疑有侧副韧带损伤者，可在局麻下将足固定于内翻或外翻位，X 线正位摄片，以判定韧带断裂的程度。

（三）康复方法

踝关节的损伤主要包括：外侧副韧带断裂，踝关节脱位和胫腓下关节分离，康复方法如下。

1. 外侧副韧带断裂

（1）不全断裂者可用宽胶布足外翻位固定 3 ~ 4 周，但肿胀明显者则需小腿石膏托足外翻位固定 3 ~ 4 周。

（2）完全断裂应行缝合术，术后石膏固定 3 ~ 4 周。

（3）陈旧性损伤以护踝及高统鞋保护为主，呈习惯性者可行石膏固定 4 ~ 6 周。无效者可考虑修补手术。

2. 踝关节骨折脱位

（1）有移位者，复位后小腿石膏固定 6 ~ 8 周。

（2）手法复位失败者应及早开放复位及内固定术，术后小腿石膏固定 8 ~ 10 周。

（3）陈旧性以恢复功能为主，对关节病废且已失去开放复位条件者，可考虑行踝关节融合术。

3. 胫腓下关节分离

轻者手法复位后小腿石膏固定（注意塑形），严重者则需开放复位及内固定术。

第六章

跳水运动的竞赛规则

正所谓"无规矩不成方圆",为了保证跳水运动运动员在一个严肃、公正、认真、准确的竞赛环境中同场竞技,为了使跳水运动在全世界正常有序地开展,为了给广大观众提供更加具有观赏性的跳水比赛,国际泳联(FINA)制定出了一系列的规则、竞赛组织办法和裁判法。本章节选了其中一部分的项目规则和裁判法,为广大跳水爱好者提供学习和参考。

第一节　基本知识

现今世界上主要的跳水比赛包括"奥运会""世界锦标赛""世界杯赛""世界青年锦标赛",虽然他们的竞赛办法可能有所不同,但是只要涉及规则中规定的部分,以上四个比赛项目都应遵守和执行。

一、比赛分组和顺序的确定

(一)分组的方法

在一场比赛中,如果运动员所要比赛的跳水动作过多,可以将动作分成若干组进行,每场比赛的动作总数不得超过 210 个。但是,如果比赛中配备了两个裁判组,轮流进行打分,那么就不必分组了。例如,下表为 42 人参加比赛,在男女预赛动作个数不同的情况下的分组情况。

表 6－1　42 人不同动作个数预赛分组

	女子	男子
参与人数	42	42
个人预赛动作个数	5	6
预赛动作总数	210	252
预赛场数	1	2
第一场个人动作数	5	3
第二场个人动作数	0	3

需要注意的是，当要把比赛场数分为两组或者两组以上的时候，应该让每个运动员都进行比赛，而不是把运动员分成两组比赛。

（二）顺序的确定

预赛（Preliminary contest）的顺序由抽签决定，抽签必须当众举行，抽签地点和时间要事先告知运动员或者运动队代表，如有可能，应用计算机抽签，抽签结果当众宣布并迅速印发。

预赛成绩最好的前 18 名进入决赛（Finals），半决赛（Semifinal）的比赛顺序应与预赛的顺序一致。

半决赛成绩加上预赛成绩的总分，最好的前 12 名运动员进入决赛，决赛的比赛顺序按半决赛的名字颠倒排列。任何一轮比赛，如进入下一轮的最后名次成绩相同的几名运动员，都应进入下一轮，比赛顺序抽签决定。

如果使用淘汰赛（Elimination game）的办法，预赛成绩最好的前 12 名运动员进入决赛，决赛按以下被称作“蛇形排列”的顺序进行比赛。

二、跳水动作的号码

在跳水运动中，跳水运动员在进行跳水时完成的一系列动作被称作跳水动作，而这些动作为了便于记录和对应，通常被数字和字母代替，如果是第一次观看跳水比赛，一定会被一个接一个由字母和数字组成的字符串所困扰，那么接下来我们大概了解下跳水动作号码的组成。

（一）一般动作

如“101A”这个动作，他是由三个数字和一个字母组成的，代表不同的意义。

“1”代表动作的组别，跳水运动有六个动作的组别，这里代表这个动作是向前起跳，即正对水池起跳，身体围绕横轴顺时针转动。

表 6－2　组别相应的动作和概要

第 1 组	向前（forward）	正对水池起跳，身体围绕横轴顺时针转动
第 2 组	向后（back）	正对跳台起跳，身体围绕横轴顺时针转动
第 3 组	反身（reverse）	正对水池起跳，身体围绕横轴逆时针转动
第 4 组	向内（inward）	正对跳台起跳，身体围绕横轴逆时针转动
第 5 组	转体（twist）	身体围纵轴转动
第 6 组	臂立（armstand）	利用两只手掌支撑地面倒立

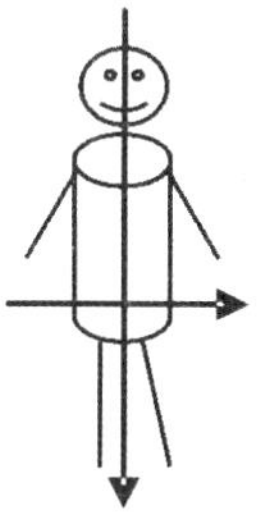

图 6-1　人的横轴与纵轴

第三个数字“1”代表在空中旋转半周,这组数字代表的周数分别是:1 = 半周,2 = 一周,3 = 一周半,以此类推。

在上面提到的“向前”“向后”“反身”“向内”跳水动作组中,第二个数字代表有无飞身(fly)动作,所谓“飞身动作”,就是指跳水时跳出板 2 米,如有飞身动作则为 1,如果没有则为 0,上面的“101A”表示没有飞身动作。

上面动作中的“A”是动作完成的姿势,A = 直体(straight),B = 屈体(pike),C = 抱膝(tuck),D = 任意姿势(free)。

图 6-2　抱膝(左)与屈体(右)

那么,跳水动作号码“101A”即为向前跳水直体翻腾半周。以下举出几个三位数字组成的跳水动作。

表 6-3　部分向前,向后,反身和向内组动作详细(附图)

向前组	102(A)	向前翻腾直体
	107(C)	向前翻腾三周半抱膝
	112(C)	向前飞身翻腾一周抱膝
向后组	201(A)	向后跳水
	202(A)	向后翻腾
	213(C)	向后飞身翻腾一周半抱膝*
反身组	313(C)	反身飞身翻腾一周半抱膝*
向内组	413(C)	向内飞身翻腾一周半抱膝

*3 米板,10 米台,7.5 米台项目

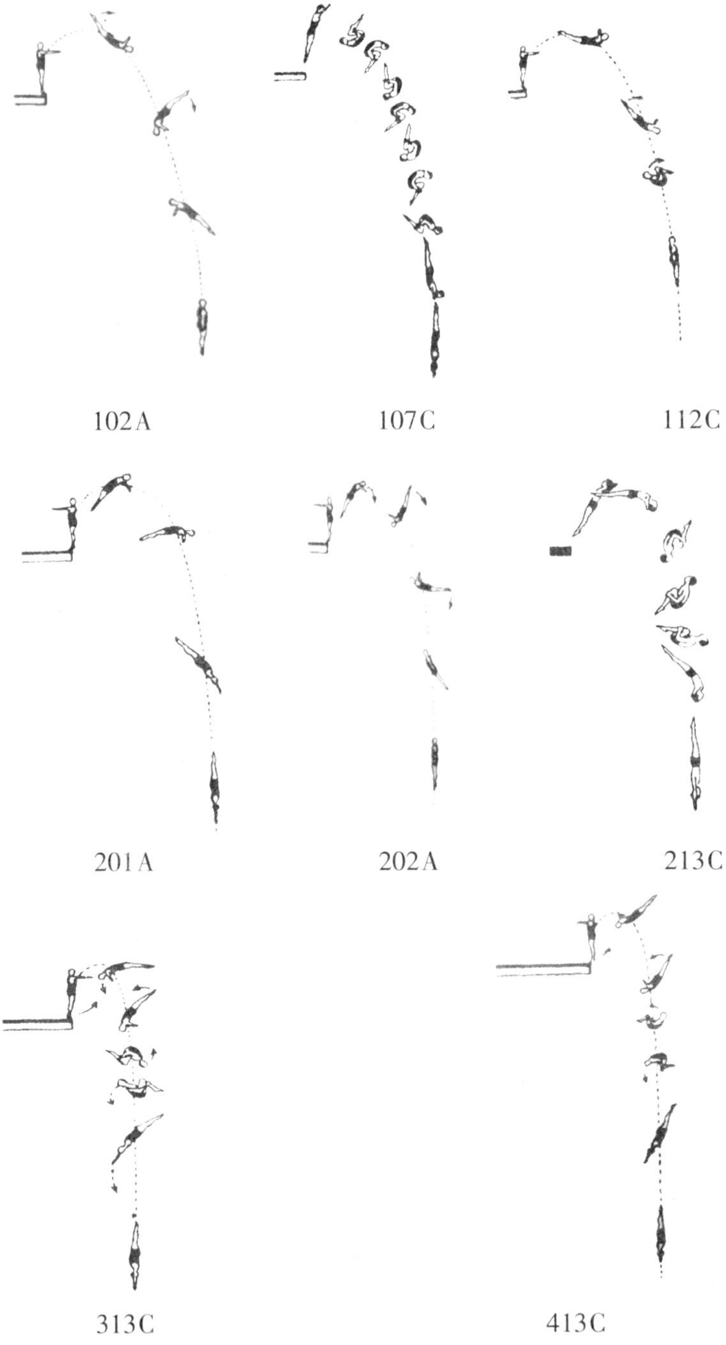

图 6-3

（二）转体和反身组动作

转体组的动作是身体围纵轴转动，其在跳水动作中变化较多的，因为它常常结合其他组的动作，包括："向前"、"向后"、"反身"、"向内"、"臂立"。臂立组的动作是只能在跳台做的动作，它的动作号码和转体组动作较之上面提到的四个组的动作，即"向前"、"向后"、"反身"、"向内"组，皆也有所不同。

转体组和臂立组动作的第二个数字表示动作的组别或者方向，即 1 = 向前，2 = 向后，3 = 反身，4 = 向内，但是在臂立组动作中没有第四组的"向内"组动作。转体组的动作一般是由四个数字表示的，第一个数字是"5"表示动作组别为转体组，第二个表示动作的组别或方向，第三个数字表示翻腾的周数，第四个数字表示转体的周数。而如果臂立动作里面有转体动作，其动作号码也有四位，第一位是"6"表示组别为"臂立组"，第二个数字表示动作的组别，第三个数字和第四个数字也表示翻腾和转体的周数。

表 6－4　转体和臂立组动作详细（附个别图）

转体组	5111（A）	向前转体半周
	5124（D）	向前翻腾转体 2 周（1 米板、5 米跳台项目）*
	5421（B）	向内翻腾转体半周
	5434（D）	向内翻腾 1 周半转体 2 周（跳板，10 米台项目）
臂立组	614（C）	臂立翻腾两周
	6122（D）	臂立向前翻腾转体 1 周
	6245（D）	臂立向后（armstand back ）翻腾 2 周转体 2 周半

*"d"表示在转体一周半以上，包括一周半、一周以上，还包括一周其他动作，如直体、屈体或者抱膝的翻腾姿势组合，与后面的难度系数计算有关。

三、难度系数的计算

（一）简介

动作难度系数是表明运动员完成动作的难易程度。国际跳水竞赛规则为每一个跳水动作确定了相应的难度系数，它根据动作组别、竞赛项目（跳板、跳台）、高度、动作姿势和翻腾转体的周数等方面的差异来确定其数值。运动员跳水时，动作简单，难度系数就低；动作复杂，难度系数就高。3 米板 103（B），难度系数为 1.6。10 米跳台的 307（C），难度系数为 3.4。

对于同一动作，因高度不同，难度系数也有区别。例如同是 405（C），1 米板的难度系数为 3.0，3 米板的难度系数为 2.7。目前，国际跳水竞赛规则难度表上列出的最高难度动作（Stunt）是 3 米板 409（C）难度系数 4.2，307B，难度系数 3.8，10 米台409C，难度系数4.1。

（二）具体计算方法

难度系数等于系数“A”“B”“C”“D”“E”（注意不是完成动作的姿势）的总和。具体方法是通过参照下面几个表中的规定，找出系数“A”“B”“C”“D”“E”所代表数字，然后加起来，即为难度系数。

表6－5－1　A：翻腾

	0周	半周	1周	1周半	2周	2周半	3周	3周半	4周半
1米和5米	0.9	1.1	1.2	1.6	2	2.4	2.7	3	–
3米和7.5米	1	1.3	1.3	1.5	1.8	2.2	2.3	2.8	3.5
10米	1	1.3	1.4	1.5	1.9	2.1	2.5	2.7	3.5

表6－5－2　B：空中姿势（飞身动作作为飞身姿势E加上姿势B或C）

	翻腾0～1周					翻腾1周半～2周					
	向前	向后	反身	向内	臂立	向前	向后	反身	向内	臂立	
C－抱膝	0.1	0.1	0.1	–0.3	0.1	0	0	0	0.1	0	
B－屈体	0.2	0.2	0.2	–0.2	0.3	0.1	0.3	0.3	0.3	0.3	
A－直体	0.3	0.3	0.3	0.1	0.4	0.4	0.5	0.6	0.8	0.5	
D－任选	1.1	0.1	0.1	–0.1	0	0	–0.1	–0.1	0.2	0	
E－飞身	0.2	0.1	0.1	0.4	–	0.2	0.2	0.2	0.5	–	

	翻腾2周半					翻腾3周～3周半					4周半
	向前	向后	反身	向内	臂立	向前	向后	反身	向内	臂立	向前
C－抱膝	0	0.1	0	0.2	0.1	0	0	0	0.3	0.1	0
B－屈体	0.2	0.3	0.2	0.5	0	0.3	0.3	0.3	0.6	0.4	0.4
A－直体	0.6	0.7	0.6	–	–	–	–	–	–	–	–
D－任选	0	–0.1	–0.2	0.4	0	0.1	0.1	0.1	–	–	–
E－飞身	0.3	0.3	0.3	0.7	–	0.4	–	–	–	–	–

注：上表中有7个负值；任选姿势指转体动作中的与其他姿势组合。这里要说明的是，在计算围绕人体横轴转动的翻腾动作的难度系数时，如果动作中存在一周以上明显的直体（A），屈体（B），抱膝（C）翻腾姿势，则难度系数中要考虑这些姿势，在转体中如果出现了以上情况，则以D为完成姿势。

表 6－5－3 C:转体

	转体半周翻腾一周	转体半周翻腾1周半	转体1周	转体1周半	转体2周	转体2周半	转体3周	转体3周半	转体4周	转体4周半
向前、向后、反身、向内	0.4	0.4	0.6	0.8	1.0	1.2	1.4	1.6	1.8	2.0
	2.0	0.2	0.4	0.4	0.8	0.8	1.2	1.4	1.6	1.8

表 6－5－4 D:走板(台)(向前、向后、反身、向内)

	向前	向后	反身	向内翻腾半周~1周	向内翻腾1周半~3周半			
1米和5米	0	0.2	0.3	0.6	0.5			
3米和7.5米	0	0.2	0.3	0.3	0.3			
10米	0	0.2	0.3	0.3	0.2			

臂立

	向前0~2周	向前2周以上	向后1~4周	反身1~4周	向前转体半周~1周半	向前转体2周以上	向后转体	反身转体
1米和5米	0.2	0.4	0.4	0.5	0.4	0.6	0.5	0.6
7.5米	0.2	0.4	0.4	0.5	0.4	0.6	0.5	0.6
10米	0.2	0.4	0.4	0.5	0.4	0.6	0.5	0.6

表 6－5－5 E:非自然入水(不适用于转体动作)

	半周	1周	1周半	2周	2周半	3周	3周半
向前或向内	0.1	–	–	0.2	–	0.2	–
向后或反身	–	0.1	0.2	–	0.3	–	0.4
臂立向后和反身	0.1	–	–	0.2	–	0.2	–
臂立向前	–	0.1	0.2	–	0.3	–	0.4

注:如632是臂立反身翻腾(Gainer)一周的动作,那么就应该是0.1,又如313是反身飞身一周半,则是0.2。

表 6－5－6　举例

动作	姿势	高度	A	B	C	D	E	总分
5132	D	3 米	1.5	0	0.6	0	0	2.1
313	C	3 米	1.5	0.2	0	0.3	0.2	2.2
632	C	10 米	1.4	0	0	0.5	0.1	2.0
6243	D	10 米	1.9	0	0.8	0.5	0	3.2

解释:5132(D)翻腾应该是第 3 个数字“3”,3 米高度一周半,查表的“1.5”;其空中姿势是 D－任选,翻腾周数为 1 周半,动作组别是向前,则查表的“0”;第四个数字“2”表明转体为一周,查表的向前转体一周为“0.6”;动作为 3 米向前翻腾,则系数“D”＝0;系数“E”,由于带有转体动作不适合于非自然入水,所以包括“6243”在内,系数“E”为“0”

313C　　632C

图 6－5

四、 跳水设备的规格

图 6-6　比赛用跳水设施

（一）跳板与跳台的规格

2008 年奥运会中，进行了 3 米板、10 米台的男子、女子，男子双人、女子双人八个项目的比赛，但是为了应付各种比赛的需要，跳水设施往往在跳板和跳台的设置上，给出了更多的选择。下表列出了比赛用跳水设施中跳板和跳台的基本规格。

表 6－6　跳水设施的宽度，长度和厚度

			v	vi			
跳板	⑤3 米板	长度	4.8	4.9			
		宽度	0.5	0.5			
	⑥1 米板	长度	4.8	4.9			
		宽度	0.5	0.5			
跳台			i	ii	iii	iv	vii
	②10 米	长度		6.00			
		宽度		2.00			
	①7.5 米	长度	6.00				
		宽度	1.50				
	③5 米	长度			6.00		
		宽度			1.50		
	⑦3 米台	长度					5.00
		宽度		·			0.60（最好 1.50）
	④1 米台	长度					5.00
		宽度					0.60

（二）跳板的活动性

在跳板比赛中，组委会应该为运动员提供可以调整活动的跳板，跳板能够通过一端的滚筒来调整跳板前端伸入水池平面的距离。

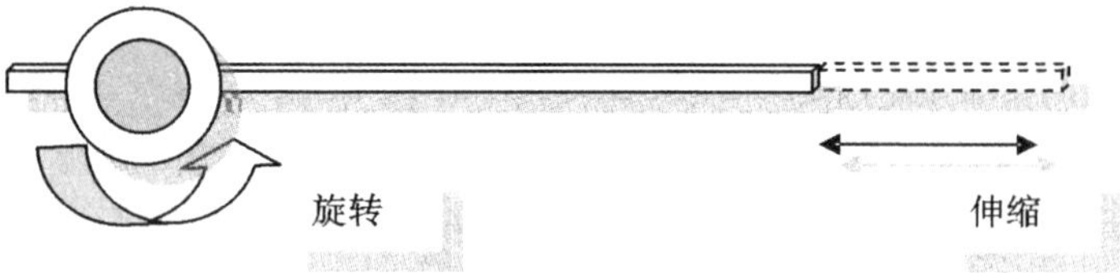

图 6-7　可以调整的跳板

(三)其他

1. 水深

跳台跳水区水深 5 米以上,跳板跳水区水深 3 米以上。

2. 水面的波动处理

装有水面波动的装置,使运动员能看清水面。

3. 水温

池水温度不得低于 26℃。

4. 跳台和跳板的前段必须铺设有弹性的防滑覆盖面。

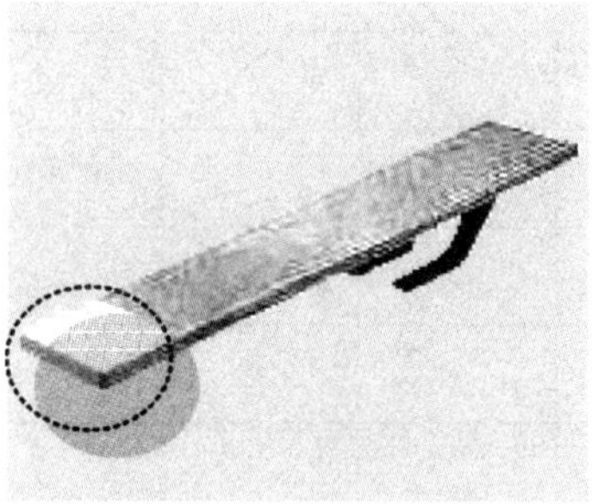

图 6-8　跳板防滑

5. 建筑跳台时,最好不要跳台之间互相重叠,5 米跳台的前端在设计上不得超过 3 米跳板的前端。

6. 为打分裁判提供的座位应高于水面 1.5 ~2 米

小知识

为什么跳水运动员出池后要立刻"冲凉"?

跳水运动员在上岸之后淋浴的首要原因是保持体温(准确地说是皮肤的温度)。因为泳池的水温在26℃上下,而出水后的室温在22℃左右,所以运动员会感觉到凉意。这种温差会造成运动员的肌肉紧张,对运动员下一轮的比赛不利。所以出水后马上去冲"凉",是一种热身适应活动。

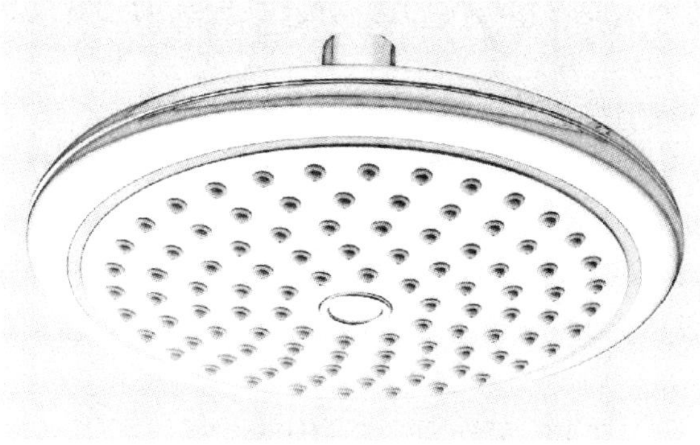

图6-9　淋浴器

第二节　不同项目竞赛方法

一、成绩的确定

在奥运会、世界锦标赛的3米跳板和10米跳台比赛中均采用预赛、半决赛和决赛制。

预赛中的前18名运动员进入半决赛,预赛成绩与半决赛成绩相加后前12名运动员进入决赛。

图6-10　比赛流程

如有运动员不能参加半决赛或决赛时,为了保证有18名运动员参加半决赛或12名运动员参加决赛,预赛或半决赛中的下一名次运动员递补进入半决赛或决赛。

如果在预赛中出现并列第18名或在半决赛中出现并列第12名时,名次并列的运动员均能参加半决赛或者决赛。

3 米板和 10 米跳台的比赛成绩按下列办法确定。

1. 决赛运动员的成绩,按半决赛有难度系数限制动作的得分加上决赛得分之和,最高分者为优胜。

2. 进入半决赛但未能参加决赛的运动员,其成绩为预赛的得分加上半决赛的得分之和。

3. 其余运动员成绩按预赛的得分排列。

世界锦标赛的 1 米板比赛应进行预赛和决赛。根据国际跳水技术委员会的建议,决赛要使用淘汰制。

获得预赛前 12 名的运动员参加决赛,决赛采用淘汰制,为了保证这场比赛有预定人数参加,和 3 米板比赛一样,前一场比赛中列在下一名次的运动员可以递补参加比赛。

如果预赛中出现并列 12 名或在淘汰赛中的某场比赛中出现并列时,所有并列名次的运动员都参加决赛或下一场比赛。

1 米板的比赛名次取决于以下几种情况。

1. 进入决赛的运动员,其名次按决赛中的得分排列。

2. 在四分之一决赛中或半决赛中被淘汰的运动员,其名次分别按四分之一决赛或半决赛的得分排列。

3. 在预赛中被淘汰的运动员其名次按预赛中的得分排列。

表 6-7:淘汰赛蛇形排列表

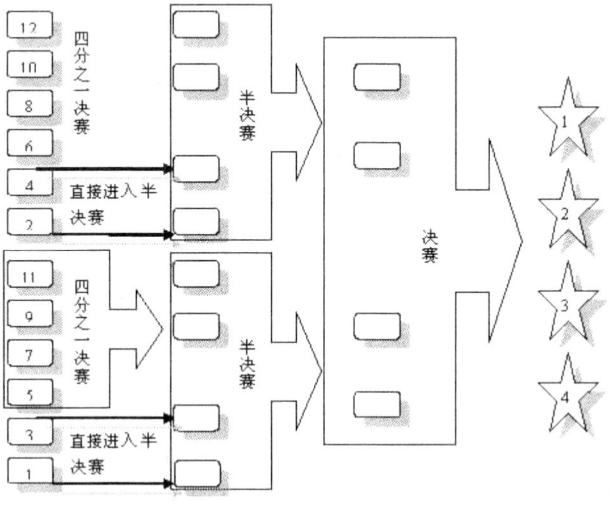

二、主要竞赛办法

(一)3 米跳板

1. 女子

女子 3 米跳板预赛应包括 5 个选自不同组别的无难度系数限制的动作;女子 3 米跳板半决赛应包括 5 个自选不同组别的动作,其难度系数总和不超过 9.5;女子 3 米跳板决赛应包括 5 个选自不同组别的无难度系数限制的动作。

2. 男子

男子 3 米跳板预赛应包括 6 个无难度系数限制的动作,其中 5 个动作分别选自 5 个不同的组别,另外 1 个动作可从 5 个组别中任选一个;男子 3 米跳板半决赛应包括 5 个选自不同组别的动作,其难度系数总和不超过 9.5。

男子 3 米跳板决赛应包括 6 个无难度系数限制的动作,其中 5 个动作分别选自 5 个不同的组别,另外 1 个动作可从 5 个组别中任选一个。

(二)1 米跳板

1. 女子

女子 1 米跳板比赛应包括 5 个选自不同组别的无难度系数限制的动作,这一办法适用于整个比赛。

2. 男子

男子 1 米跳板比赛应包括 6 个无难度系数限制的动作,其中 5 个动作分别选自 5 个不同的组别,另外 1 个动作可从 5 个组别中任选一个,这一办法适用于整个比赛。

(三)跳台

1. 女子

女子跳台预赛应包括 5 个选自不同组别的无难度系数限制的动作;女子跳台半决赛应包括 4 个选自不同组别的动作,其难度系数总和不超过 7.6;女子跳台决赛应包括 5 个选自不同组别的无难度系数限制的动作。

2. 男子

男子跳台预赛应包括 6 个选自不同组别的无难度系数限制的动作;男子跳台半决赛应包括 4 个选自不同组别的动作,其难度系数总和不超过 7.6;男子跳台决赛应包括 6 个选自不同组别的无难度系数限制的动作。奥运会、世界锦标赛和世界杯赛的跳台比赛必须在 10 米台上进行,其他比赛可选用 10 米、7.5 米或 5 米台。

(四)双人跳水

双人跳水是由两名运动员同时从跳板或跳台起跳进行的比赛。比赛主要看双人跳水的一致性和各自完成动作的好坏。

参加奥运会、世界锦标赛、世界杯赛和洲际锦标赛双人跳水的两名运动员应来自同一协会。

比赛包括5轮不同动作，其中两轮动作的平均难度系数为2.0，其余三轮动作无难度系数限制。每一对动作的难度系数是两人动作难度系数的平均数，它是把每一动作的难度系数相加除以2，并把所得的值调整为最接近的0.1分。

5轮动作中，至少有一轮动作两人都是向前起跳，至少有一轮动作两人都是向后起跳，至少有一轮动作是一个向前起跳和一个向后起跳的组合。每一轮动作，两名运动员的动作姿势和翻腾的周数必须相同。在转体动作的组合中，转体周数的不同应不超过半周。

注意：不可重复完成相同动作。

第三节　跳水的基本裁判法

一、裁判组的构成

跳水比赛的裁判工作是竞赛工作的重要组成部分，不仅关系到比赛任务的圆满完成，而且对跳水运动技术的发展有一定引导作用。每一名裁判必须具有良好的职业道德，钻研竞赛规则和裁判法，熟悉竞赛规程，严格履行职责，不断地总结经验，严肃、认真、公正、准确地做好裁判工作。

跳水比赛中共需要裁判员22人，其中评分裁判员不少于10～11人，如果用AB制两组裁判员交替评分，总共需要30名裁判员，其中评分裁判不少于18～20人。设裁判长1名，副裁判长2人。

裁判长在大会领导下全面负责比赛的管理工作和裁判工作，副裁判长协助裁判长的工作。副裁判长中一人负责管理工作，包括记录、报告、公告、检录、抽签、电子记分等，并抓好生活管理，另一人负责计分、试评、实习、场地检查以及评分裁判的安排等工作。裁判长之间既有分工又有合作，保证各项工作协调一致。

评分裁判员有7人制和5人制两种评分制。奥运会、世界锦标赛、全国运动会等大型正规的比赛均采用7人制。在奥运会、世界锦标赛和世界杯的比赛中，评分裁判员由与参加决赛的运动员不同国籍的裁判员担任。有必要的话，可以两组裁判交替使用，尽可能两组裁定同样数量的动作。

双人跳水比赛有9名裁判，其中5人评定双人同步情况，其余4名两两评定两个运动员的动作完成情况。

二、裁判评分

(一)评分规则

评分应根据运动员在完成动作时的助跑、起跳、空中技术和动作姿势以及入水的好坏来评定。评分按照国际规则可以分为6个阶段:

表6-8 评分阶段表(前5个阶段)

		起跳	动作	连接技术	入水
很好	8.5~10	高度充分	正确、协调、优美	好	有充分准备,有压水花
好	6.5~8	一定高度	技术熟练,协调	合理,但有缺点	入水角度超过或不足(或转体角度)20°以内
较好	5~6		基本完成	不协调,优缺点	入水角度超过或不足(或转体角度)40°以内
普通	2.5~4.5		勉强完成,某部分技术有缺点	均有缺点	边打开边入水,入水角度(或转体角度)不足或超过40~70°,空中姿势改变
不好	0.5~2		未失败,但完成不好		入水角度(或转体角度)不足或超过70°以上

动作完成失败阶段(0分)

1. 完成动作依靠别人。
2. 拒绝跳。
3. 跳板上用单足起跳。
4. 连续跳板跳。
5. 跳的动作号码和报的动作不符。
6. 裁判长发出警告后一分钟仍不跳动作。
7. 臂立跳水时做二次助跑仍不成功。
8. 跑动跳水(Running diving)时做二次助跑仍不成功。
9. 立定跳水(Standing diving)时两臂开始摆动后又重新开始仍不成功。
10. 入水转体不足或超过90°。
11. 入水时手足同时入水或者身体平置入水或臀部先入水。
12. 双人跳水时,一名运动员在另一名运动员离开跳板或跳台之前已经入水。

(二)扣分规定

1. 裁判长扣分

（1）跑动跳水时，迈出第一步后，退回重新开始，或停顿后继续助跑，扣2分。

（2）运动员在做好准备姿势，两臂摆动后又重新开始，或跳起后未作动作重新起跳，扣2分。

（3）臂立时，臂立不成功，不落入水中，可以作第二次臂立，要扣除2分。

（4）立定跳水，两次起跳，动作最后得分不超过4.5。

（5）脚先入水动作，入水时运动员单臂或双臂上举高于头部；或做头先入水动作，入水时运动员单臂或双臂低于头部，则该动作裁判长应宣布最多得4.5分。

（6）运动员跳水姿势（Carriage; bearing）与所报姿势不符，裁判长在发出举分信号之前示意报告员重新报告动作姿势，并宣布该动作最多为2分。

2. 裁判员扣分

（1）准备姿势

①开始姿势头部与身体必须保持正直，两臂摆动则视为动作开始。运动员没有采用正确的开始姿势，裁判员扣0.5～1分。

②如有摇晃或多余动作，或不断颤动跳板，应酌情扣0.5～1分。

③助跑起跳，跨跳步与起跳接近同一点，酌情扣0.5～1分。

图6-11　助跑

④臂立跳水时，身体如未能保持平衡，裁判应酌情扣1～3分。

图 6-12　臂立跳水的平衡

(2)空中动作

①裁判员认为运动员所跳动作与所报动作不符,则可以判为 0 分。

②运动员所跳动作与所报动作不符,裁判长宣布最多给 2 分,只能最多 2 分。

③部分动作与所报动作不符,最多给 4.5 分。

④抱膝姿势两膝分开,或抱膝不紧,扣 1 ~2 分。

⑤屈体时膝盖部位弯曲或两脚分开,扣 1 ~ 2 分。屈体翻腾中膝部明显弯曲,最多得 4.5 分。

⑥任何情况下两脚应并拢,转体或直体动作中两脚分开均应扣分,从轻到重扣 0.5 ~4.5 分。

⑦完成动作过程中,身体任何部位碰板台,酌情扣 0.5 ~4.5 分。

⑧起跳后离板台过近,属于危险动作,也应扣 1 ~3 分,得分最多 4.5 分。

⑨跳离腾空中心线,扣 0.5 ~1 分。

⑩飞身翻腾动作,起跳开始的直体飞身姿势应超过 90°,如少于此,脚末高于头开始翻腾,最高不超过 4.5 分,如没有飞身,应判为与动作号码不符,0 分。

(3)入水

在任何情况下,入水都应是垂直和接近垂直,身体伸直,两脚并拢,脚尖绷直,头先入水时,两臂应伸直上举高于头顶与身体成一条直线,脚先入水,两臂应尽量贴紧身体,肘部不弯曲。

①头先入水时,手臂伸直但未与身体成直线,手臂与身体延长线夹角接近 30°,

扣0.5～1分，在30°～60°之间扣1.5～2分，60°～90°之间，扣2.5～3分，90°以上扣3分，且最多不扣超过4.5分。

②头先入水时，手臂未伸直，如手臂弯曲，伸手已经超过头部，扣0.5～2分，未超过头部扣2.5～3分，且最高不过4.5分。

③两个质量相同的动作，如果压水花不一致，则好的比坏的多1分，入水压水花动作首先看入水角度是否垂直。

④脚先入水动作，入水时单臂或双臂高于头部，最高不超过4.5分。

⑤如手臂未紧贴身体两侧应扣1～3分。手臂与身体夹角在30°以下扣0.5～1分，在30°～60°，扣1.5～2分，60°～90°之间扣2.5～3分。

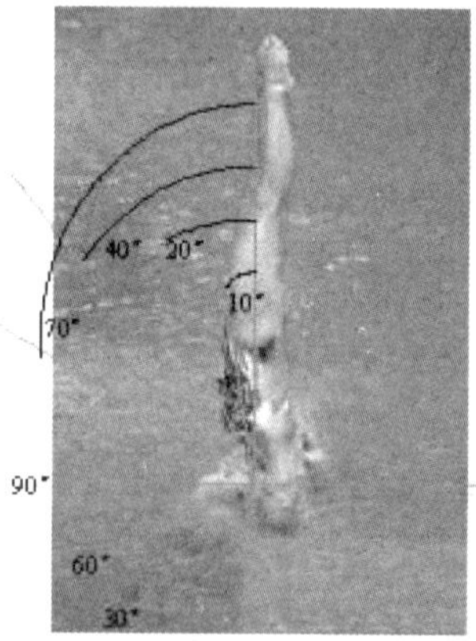

图6-13　入水时身体与垂直线夹角，手臂与身体延长线夹角示意图

（三）双人比赛中的同步性评分考虑因素

1. 助跑。
2. 起跳。
3. 空中动作配合时间。
4. 入水角度一致性。
5. 入水时与跳板跳台的相对距离。
6. 入水时间的一致性。

（四）计算结果

5名裁判员评分：5名裁判员打出分数以后，先删去最高和最低的无效分，余下3名裁判员的分数之和乘以运动员所跳动作的难度系数，便得出该动作的实得分。

例如5名裁判员的评分分别是5、(5.5)、5、5、(4.5) = 15（总和）× 2.0（难度）= 30（实得分）。（注：括号里的数字是删去的无效分，下同。）

7名裁判员的评分：方法与5名裁判员评分方法相似，7名裁判员打出分数以后，先删去 2 个最高和 2 个最低的无效分，余下 3 名裁判员的分数之和乘以运动员所跳动作的难度系数，便得出该动作的实得分。例如 7 名裁判员的评分分别是 5、(5.5)、(5.5)、5、5、(4.5)、(4.5)＝15(总和)×2.0(难度)＝30(实得分)。

比赛结束后，把所跳动作的实得分相加，便是该运动员的总分。总分最高者为优胜，如两人或两人以上总分相等，则名次相同。在设有全能项目的比赛中，将运动员跳板动作总分与跳台动作总分相加，就是全能总分。

花样游泳篇

第一章

概 述

《出水芙蓉》女主角
埃斯特·威廉姆斯
(Esther Williams)

花样游泳(一称"水上芭蕾",一称"韵律泳")(Synchronised swimming)是女子体育项目。原为游泳比赛间歇时的水中表演项目,现作为奥运会正式比赛项目,它是在游泳方法的基础上,派生出具有独自特征的基本形式(花样),并使之与音乐的节律、旋律和情调协调一致,有"水中芭蕾"之称。

第一节 起源、沿革及奥运发展史

花样游泳(Synchronised swimming)是女子体育项目。原为游泳比赛间歇时的水中表演项目。由游泳、技巧、舞蹈和音乐编排而成,有"水中芭蕾"之称。花样游泳是一项具有艺术性的优雅的体育运动,它也需要力量和技巧,需要许多年不断地训练来掌握。有十个裁判关注她们的每一个动作,运动员必须做出许多组推举、旋转、弯曲,所有这些动作都不能借助于池底的地面。她们还要在不呼吸的情况下作伸展,常规动作要持续5分钟,同时进行表演。即使在最紧张的常规动作要求里,水上芭蕾运动员们还要努力保持轻松的表情。

图1-1 轻松的表情

一、花样游泳的起源

（一）花样游泳在古代

在中国的陆地上，众多江河湖泊星罗棋布。在遥远的古代，中国人就常常以水为娱乐的场所和手段，少女们在水中沐浴之时嬉戏也被众多的文学著作记录下来。早在唐代就有了花样游泳的雏形——弄潮活动（一种特殊的游泳活动）。唐代诗人李益在《江南曲》中说，“早知潮有讯，嫁与弄潮儿”。这说明弄潮活动受到年轻少女的喜爱，她们愿意嫁给弄潮儿。到了宋代，弄潮又有极大发展，成为民间最受欢迎的娱乐表演。元代文学家周密在《武林旧事》中追记南宋时临安（今杭州）弄潮盛况时说：每逢大潮期，临安人倾城而出，沿江搭建观潮彩棚。海面上潮水如玉城雪岭，遮天蔽日而来。此时，数百游泳健儿，手执彩旗或清凉小伞、红绿小伞，各系绣色彩带，迎潮而上，“出没于鲸波万仞之中，腾身百变，而旗尾不沾湿”。这样的“花样”游泳盛况何等壮观！元代陶宗仪在《元氏掖庭记》就有皇宫中妇女戏水的描述：“每遇上巳日，令诸嫔妃被于内园迎祥亭漾碧池……嫔妃浴澡之余，则骑以为嬉，或执兰蕙，或击球筑，谓之水上迎祥之乐。”可见女子“花样游泳”的娱乐项目早在14世纪就已有记载了。

在欧洲，自古也有妇女以水为戏的记载。古罗马诗人马西亚在其诗中曾这样写道：“她们像海神般在水里游着，用她们的身体表演出美丽的图形……”

（二）花样游泳的起源

1. 早期的现代花样游泳

最早的花样游泳是以韵律泳的形式出现的，虽然有时也配比较简单的音乐，但是只按音乐的强弱节拍表现动作，而不是按照音乐的内涵表现其音乐意境。

19世纪初曾有一名年仅15岁的澳大利亚少女阿列特·克勒曼，随其父到英国后，以她优美动作在碧波涟漪的池水中进行表演。后来她又赴美国进行表演，而这时的表演已将泳装装饰得更加美丽，并镶嵌了五颜六色的宝石，加上绢布修饰的发饰，更加引人注目。可以说这就是花样游泳的雏形。其实以艺术作为水上表演的花样游泳运动早在1892年英国已出现。1892年英国人约克逊举行了一次以欣赏美为目的的女性运动会。

2. 现代花样游泳运动的发展

现代花样游泳于20世纪20年代起源于德国、英国等欧洲国家，当时没有配乐，只限于泳姿和队形变换，而欧洲人却从娱乐中体会到集体群泳的兴致，于是又以戏剧情节编排小品，再加以服饰的艺术造型，使其更加具有感染力，故后来有人命名为“服饰游泳”。1920年卡萨林·考特斯（Katherine Curtis）创编了一套类似跳水和体操的水上翻滚图案，他也被称为花样游泳的鼻祖。

直到30年代,欧洲人加入了音乐,使其与艺术关联,称为"艺术游泳",风靡于比利时、荷兰、德国等国家。随着艺术性的加强,动作越来越优美,尤其以芭蕾舞的腿部动作和身体的综合表演,更加受民众喜欢。当其传入加拿大后,又被称为"水上芭蕾"。

1933年水上芭蕾在美国芝加哥万国博览会做了公开的表演。莫坦·玛迈成立表演队伍,安排在芝加哥举行的万国博览会上进行表演。表演第一次使用了英文名"Synchronized Swimming",译为"同步游泳"。

图1-2 1893年美国芝加哥万国博览会

1936年,在第11届柏林奥运会上进行了配乐与图形变化的结合,表演更加精彩。

1937年卡萨林·考特斯成立了花样游泳俱乐部,进行比赛,并出版了《节奏游泳》一书。

图1-3 柏林奥运会会徽

进入20世纪40年代以后，美国对花样游泳运动的关注度越发提高，其中，1940《出水芙蓉》的电影连同女主角把花样游泳推向“美”的意境。并且为了规范竞赛，美国把花样游泳作为竞技运动并制定了竞赛规则。1942年美国举行了花样游泳比赛，并在美国、加拿大举行多次友谊比赛，使花样游泳在竞技中不断发展。1945年耶鲁大学的波布教练员，在1946年举行的第一届全美花样游泳比赛上，制定并使用了比赛规则。1950年美国开始举行全美花样游泳锦标赛，随后进行了巡回表演，扩大了花样游泳的影响力。

1972年，第20届慕尼黑奥运会上，美国、加拿大花样游泳队进行了公开表演。

图1-4　慕尼黑奥运会会徽

1952年花样游泳被列为奥运会表演项目。

1956年国际游泳联合会在墨尔本举行会议，将花样游泳列为四大水上项目（游泳、跳水、水球、花样游泳）之一。

1958年在国际泳联花样游泳委员会主席布勒斯特的主持下，在荷兰的阿姆斯特丹举行了欧洲花样游泳锦标赛。为了取得更好的成绩，欧洲各国分别向美国和加拿大聘请教练以寻求帮助。此后，欧洲锦标赛和泛美运动会等各种洲际比赛加入了花样游泳这一女子项目的比赛。1973年举行第1届世界花样游泳锦标赛。

1984年第23届洛杉矶奥运会上，成为奥运会正式比赛项目，有单人和双人两项。1996年奥运会设团体赛。2004年第28届奥运会起，只设女子双人、团体两个项目。

图 1-5 泛美运动会的会徽

二、花样游泳运动重大赛事和国际机构

(一)花样游泳运动重大赛事

1. 奥运会花样游泳项目

1952 年,花样游泳被列为奥运会表演项目。1984 年第 23 届洛杉矶奥运会上,花样游泳成为奥运会正式比赛项目,有单人和双人两项,4 年一次在奥运会期间举行。1996 年奥运会改为团体赛一项。2000 年奥运会起,设女子双人、团体两个项目。

2. 世界花样游泳锦标赛

首届世界花样游泳锦标赛于 1973 年在贝尔格莱德举办。

3. 花样游泳世界杯赛

截至 2006 年 9 月 17 日日本横滨举行花样游泳世界杯赛,比赛事已经举行了 11 届。

(二)花样游泳运动国际机构

世界花样游泳运动由国际游泳联合会(FINA)负责管理。国际泳联 1908 年成立于英国伦敦,总部设在美国艾罗瓦。联合会宗旨是促进和鼓励世界游泳、跳水、水球、花样游泳以及其他水上运动项目的发展,保证世界游泳运动的业余性,制定世界游泳运动各个项目的规则,监督管理奥林匹克运动会、世界游泳锦标赛和其他国际性水上运动比赛的技术安排。国际泳联现有会员国近 130 个。中国于 1949 年前即已加入该组织,后由于政治上的原因于 1956 年退出,直至 1980 年,国际泳联才恢复了中国在该组织的合法席位。

第二节　花样游泳运动的特点

花样游泳运动员在完成规定和自创动作之时,用自己的身体展示出花样游泳独有的特点,其美学特点、心理特点都在姿势和队形不断变化中生动地展示出来。

一、美学特点

花样游泳被誉为“水上芭蕾”,可见它是一项以表达“美”为目的的运动。它集音乐、舞蹈、游泳技术于一体,通过各种在水面和水下的形体造型,达到彰显人体之美、运动之美和艺术之美的效果。具体来讲,就其美学而言,包括体型美、造型美、难新美、编排美、艺术表现美、刚柔美、节奏美、服饰美、队形美。

(一)体型美

体型美属于身体美的范畴,它是反映人体外在形态的一种美。体型美受遗传的影响,也受后天社会环境的影响。身体的高矮、四肢的长短和曲直受遗传因素影响较大,而身体的胖瘦、四肢的围度等方面受后天因素影响较大。花样游泳对体型有特殊的要求。总的来说,要求身材苗条、匀称,身体各部分比例合理。与同年龄的普通人相比,要求中等高度偏下,四肢略长,肩稍宽,臀部偏平,手脚较大,臂腿较直。这是选材时一般的定性要求。与竞技体操、跳水等项目比较,花样游泳运动员没有高难空翻动作,要求身材高一些,四肢长一些,加上有漂亮的仪表,完成的动作不但幅度大而且非常优美,因而使人直观地感受到人体美态和无穷的艺术魅力。

图 1-6　花样游泳运动员姣好的身形

（二）造型美

造型美也是用身体形态姿势表现的美。在难美技能类项目中，包括静态造型美、动态造型美以及动静结合的造型美。静态造型美如同京剧中的“亮相”，必须光彩照人，像一尊美的雕塑。花样游泳中的开始和结束姿势，还有各种倒立、平衡、立柱式等，都是静态造型美。动态造型美是在运动中的空间造型美。

图 1-7 如孔雀般的造型

（三）难新美

难新美是指高质量地完成那些新颖、高难、复杂的惊险动作和连接所表现出来的震撼人心的美感。难度是难美技能类项目的核心，是衡量运动实力的重要标志，是裁判员评分的重要内容之一。因此，运动员要不断地发展和创新高难度动作。但是，光有难度，不能做出稳定高质量的动作，同样不能给人以美感，反而会使人担心害怕。我们要辩证地理解难新美的概念。

（四）编排美

编排美是将各种不同类型、不同难度的动作有机组合起来，并能突出运动员的个人风格，给人以艺术享受和美感的成套动作。花样游泳配以舞蹈、音乐等其他艺术形式，使多样化的动作与音乐舞蹈巧妙地组合起来，和谐统一，融为一体，犹如一件优美动人的艺术珍品。编排成套动作参加比赛是花样游泳等技术难美性项目与其他形式的运动项目最突出的一个不同特点，而且是重要的评分内容之一。因此，重视成套动作编排，提高成套编排的审美效果是提高本项目技术水平和运动成绩的重要途径。

图 1-8　编排中运用图形可以达到赏心悦目的效果

（五）艺术表现美

艺术表现美是运动员把编排的成套动作的美学价值艺术化地表现出来。它是运动员通过难度水平、技术质量、形体动作，以及在音乐、舞蹈、气质等方面的综合素质充分展示出来并达到最佳效果。

图 1-9　充满想象力的动作表现

（六）刚柔美

刚柔美是指在完成本项目动作过程中，既有刚劲有力的动作，又有柔软优美的动作。多数难美技能类项目，特别是一些女性项目，刚柔美的特点更为突出。花样游泳作为女子项目，需要表达出一种女子与水融合的那种柔美，但同时也要表现出运动员在做出一个个高难度动作时的刚劲有力，在柔与力的交错中，把艺术体操动作的“刚柔美”表现得淋漓尽致。

图 1-10 抛起需要力量，而空中却要保持柔美的造型

（七）节奏美

所谓节奏美就是有规律地反复。一切事物，包括自然现象和人类社会等各个领域都有自身运动的节奏，能反映各事物特点及运动规律的节奏就是节奏美。花样游泳动作之间需要有节奏，而且与音乐、舞蹈之间的配合也要有节奏。音乐是一种流动的听觉艺术，音乐节拍的强弱、长短、力度大小等交替出现，本身就有一种旋律感、节奏感，它与运动员完成的动作之间的协调配合更能突出成套动作的节奏美。

（八）服饰美

服装美是人体装饰美的主干和中心，是以人体自身为内容的一种造型艺术的美。它能增强、提升人的美学价值，是对人体自身的审美设计，尤其是难美技能类的女性项目，服饰美显得格外重要。

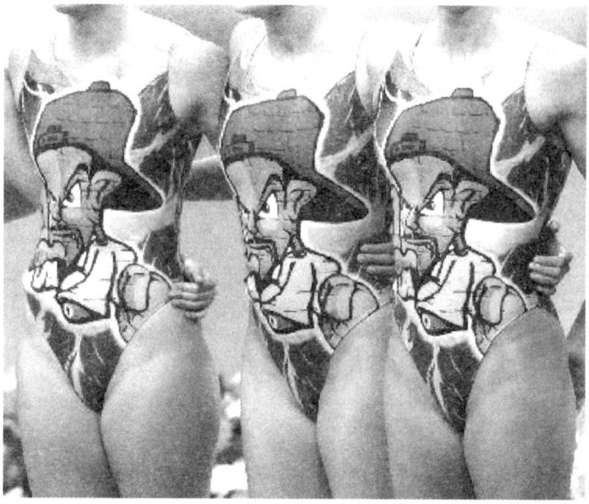

图 1-11　北京奥运会时西班牙花样游泳队的服饰

（十）队形美

花样游泳的队形变化是非常巧妙和富有创意的，在整个表演过程中不时地变化出各种生动、活泼的图案，时而向中心集聚，时而向四周喷射；时而跃出水面，时而隐入水中；时而激越，时而平静。队形交错变化，自然流畅，不留痕迹，动感很强。①

图 1-12　整齐划一的队形动作

① 姚侠文等."难美技能类"运动项目美学特征研究[J].中国体育科技，Vo l. 39. No. 8. 2003

二、心理特点

花样游泳对运动员的心理素质也有其独特的要求，由于是在水中，且往往需要运动员做出超乎常规的花样动作。所以，不管在平常的训练，在赛前的准备，还是在比赛时，都需要运动员进行心理自我调节。

（一）高度的自信

运动员必须对自己要有自信，这是成功的前提。在学习动作的时候，信心能促使运动员完成以前没有完成过的动作或完成不擅长的动作。如果没有自信心，跳水运动员在赛前会产生焦虑和紧张，这样会导致动作的变形或失误，可能打破队友间的默契或者事先安排的计划。再者，花样运动的特殊性决定了参加这个项目必定要对自己充满自信，对每个动作的完成都需要胆量，都要相信队员的配合，所以，不管在平常的训练，在赛前的准备，还是在比赛时，都需要运动员进行自我心理调节。

（二）优秀的智能

充分发挥智能，具有丰富的想象力和创造力，能够善于分析和判断动作，是花样游泳对运动员心理素质要求的又一特点。花样游泳经过多年的发展，出现了很多新的技术和动作，这些无不归功于运动员丰富的想象力。在花样游泳这项充满美的运动中，如果缺乏了想象力，就不能让人对美的追求继续下去。另外，花样游泳运动还要求运动员对自己所做的动作有一定的分析和判断意识，包括做动作前的分析和准备，以及动作过程中对身体掌控的判断。

（三）正确的竞争意识

自信和智能都是走向成功的准备，但如果要成功，必须同时进行竞争意识的培养。竞争意识是运动员渴望战胜对手，取得胜利的心理现象。花样游泳运动员不论是训练还是比赛，都需要竞争意识。训练中，要在队友之间竞争；在比赛时，要在队与队之间竞争。正确的竞争意识，可以帮助运动员树立正确的竞赛目的和激励运动员更好地完成动作。

（四）坚定的意志品质

意志品质的培养在花样游泳运动中起着举足轻重的作用。顽强的意志品质是决胜的关键。在训练中，要面对伤痛，要习惯不同以往的呼吸方式，要克服大运动量的重复训练，要适应长时间在水中。在比赛中，要克服来自外界的压力，当然还有自身的压力。这些都要求花样游泳运动员要具备坚定的意志品质。

第三节　花样运动的发展趋势

一、美国、加拿大和日本花样游泳史

20世纪40年代以后，美国花样游泳以频繁的表演和比赛吸引了群众，促进了该项目的发展。组织上，他们成立了东、南、西、北四个区域的协会，主管该项运动，并且每个区域还成了地方协会，由此来管理运动的培训、比赛、表演和选拔。还通过全美基督教团体进行选拔，并组织各样活动让人们了解此项运动。

加拿大的花样游泳运动的开展比美国稍晚，但也属于游泳强国之列，普及性较好。全国有25万多个俱乐部，按年龄划分。优秀运动员要经过严格的训练，才能进入国家队。国家队成立于1981年，分A、B两队，每队10名队员。队员的选拔上注重动作的质量，这也充分体现出加拿大在花样游泳上技术要求严谨的特点，使得其有能力在大赛中与美国抗衡。

日本很早就把优美的游泳泳姿与水上各种各样的漂浮动作融合到音乐、芭蕾之中，赋予人们一种新的享受。

日本二战战败后，洛玛·奥尔森率领全美花样游泳锦标赛冠军队到日本，在东京神宫游泳池进行公开表演，引起了游泳爱好者的兴趣。随后日本举办了花样游泳训练班，由此花样游泳在日本发展起来。随着在第9、第10届国民体育大会上进行了花样游泳表演，日本泳联有意将花样游泳列为正式比赛项目，于1956年举行了首届花样游泳讲习班，并于同年8月，在日本首届运动会上举行了非正式比赛。

1956年国际泳联在墨尔本召开会议成立花样游泳委员会，委员包括美国、荷兰、联邦德国、法国、加拿大、印度、西班牙、埃及和日本。

二、当今花样泳坛的格局

美国和加拿大瓜分了自设立花样游泳比赛以来的前四届奥运会所有金牌，但是随着当年的主力在1996年亚特兰大奥运会之后退役，俄罗斯与日本开始崭露头角，并在1998年及随后的世界锦标赛和奥运会中称雄。

表1-1 1996～2008年四届奥运会花样游泳金牌归属

1996 亚特兰大奥运会			
	金牌	银牌	铜牌
女子团体	美国	加拿大	日本
女子双人	无		
2000 年悉尼奥运会			
	金牌	银牌	铜牌
女子团体	俄罗斯	日本	加拿大
女子双人	俄罗斯	日本	法国
2004 年雅典奥运会			
	金牌	银牌	铜牌
女子团体	俄罗斯	日本	美国
女子双人	俄罗斯	日本	美国
2008 年北京奥运会			
	金牌	银牌	铜牌
女子团体	俄罗斯	西班牙	中国
女子双人	俄罗斯	西班牙	日本

在亚洲，中国在这个项目上优势明显，多次在国际大赛获得奖牌的日本队、韩国将会对中国带来一定的挑战。在2008年结束的北京奥运会中，中国队夺得女子花样游泳团体项目上的首枚铜牌，双人项目也有不俗的表现，这与多年来中国花样游泳队的努力十分不开的。

中国花样游泳队自1983年首次出现在国际舞台以来，至北京奥运会已经历了25年的发展。在这段时间，中国花样游泳队通过不断地探索和研究，积累了大量的宝贵经验。在中国花样游泳队准备阶段的初期，她们邀请到了高水平的教练、舞蹈专家和其他工作人员进行正确指导。国家的开放政策和全国的支持，为中国花样游泳队教练员和运动员提供了条件，提供更多的机会学习先进的技术和训练方法，拓宽她们的视野。在这种环境下，中国花样游泳队完全了解了世界高水平花样游泳国家的训练方法和舞蹈编排，这为中国队在2008年奥运会上取得突破奠定了基础。除了得到官方支持外，在北京奥运会召开前几年，外聘的日本教练井村雅代(Masayo Imura)也发挥了作用。井村雅代在提高中国选手艺术质量上做出了大量工作。在来到中国后，她将自己先前的经验和训练方法融入练习中，使中国选手的能力得到极大提升。

第二章

花样游泳运动综合知识

身着艳丽的服装，在碧蓝的泳池里，脸上充满了自信，队友间充满默契，一个接一个完美的高抛，一串接一串的跃水技巧，让人目不暇接，正如那海中的美人鱼——在属于他们的游乐园畅舞。

第一节　场地、设施与运动员装备

一、比赛场地

在奥运会中，花样游泳比赛泳池至少 20 米宽、30 米长，在其中 12 米宽、12 米长的区域内，水深必须达 3 米。水的温度应是 26℃，误差 ±1℃。水必须十分干净，清澈见底。

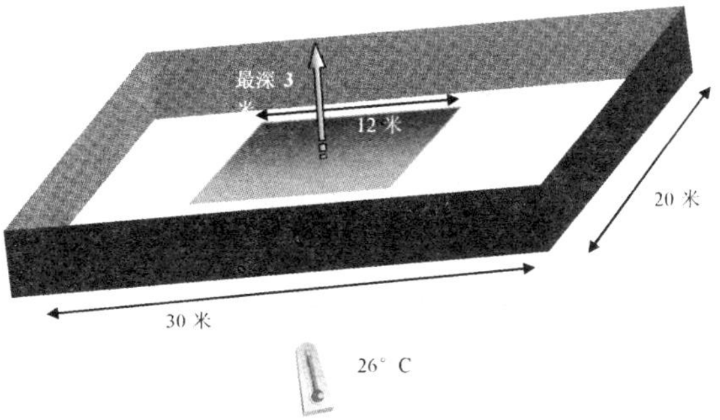

图 2-1　游泳池的规格

二、服饰

花样游泳比赛由于包括规定动作(限 18 岁以下年龄组进行)和自选动作的内容,因而在服饰上有一定的要求。

规定动作比赛。要求运动员在参加规定动作比赛时,必须头戴白色泳帽,身穿黑色游泳衣。

图 2-2　规定动作泳衣

自选动作比赛。要求运动员身穿艳丽的游泳衣,泳衣上可以用各色亮片设计不同的图案,头发盘成发髻并戴上各种美丽的头饰。但这些必须符合音乐主题的要求,并与整套动作编排的内容协调一致,以衬托出理想的效果。

图 2-3　自选动作泳衣

三、鼻夹

由于花样游泳的动作多由倒立姿势构成，为了避免发生呛水，运动员无论训练还是比赛，鼻夹必不可少。它是由富有弹性的钢丝再套上一层橡胶管制成的，以免使皮肤受摩擦而损伤。

图 2-4　鼻夹

四、音响设备

自选动作比赛时，音响设备由录音机、扩音器、水上扬声器、水下扬声器和无线麦克风等组成。平均音量不能超过 90 分贝，瞬间的爆破声最大不能超过 100 分贝。同时还需要提供适宜的伴奏复制设备。参赛者必须在录音带上标明单位、运动员姓名、参赛项目和音乐速度。赛前可以进行音乐带的片段测试，以调整音量和速度。

五、裁判座椅

规定动作比赛时，裁判员集中坐在游泳池的一侧，按梯形排列。自选动作比赛时，裁判员坐在游泳池的两侧，按技术评分裁判和艺术评分裁判就座。座椅编上号码，高位者为评技术分，低位者为评艺术分。

图 2-5　裁判座椅

六、计分系统

可以采用电子系统计算分数，也可以采用评分牌（由塑料板制成）。评分牌的左右侧各装10层可以翻动的薄片，每层薄片上依次写上1～10的数字，一侧为整数，另一侧为小数，裁判员以翻动薄片示意自己的评分。

图2-6　评分牌

第二节　技术项目分类

奥运会、世界锦标赛以及洲际性比赛等，每个国家或协会只能参加1个单人、1个双人、1个集体项目和1个自由自选组合项目的比赛。比赛项目有规定动作、自选动作两种，自选动作包括自由自选和技术自选，不同比赛采用的组合不同，如北京奥运会采用的是技术自选和自由自选组合，而墨尔本世界游泳锦标赛采用的是自选动作、规定动作的组合。

如果参赛超过12个队时将要进行预赛，最后选出前12名参加决赛。在集体项目比赛中，每队应有8人，还可以报2名替补队员，其报名人数最多不能超过10人。在自由自选组合项目比赛中，每队应有10人，还可以报2名替补队员，其报名人数最多不能超过12人。

图2-7　技术/自由自选比赛

图2-8　自由自选组合

比赛顺序由抽签决定。比赛顺序抽签应在第一部分比赛开始前的 18 ~ 72 小时前公开举行。预赛总分的前 12 名参加决赛。决赛出场顺序也是由抽签决定，总分 1 ~ 6 名抽 7 ~ 12 号的出场顺序，总分 7 ~ 12 名抽 1 ~ 6 号的出场顺序。集体项目每队最少 4 人，最多 8 人(奥运会必须 8 人)。每减少 1 人则在总分中扣除 0.5 分。

一、比赛内容

(一)规定动作

规定动作是指在规定动作比赛中运动员必须完成的动作，规定动作比赛是一项个人基本技术的比赛。规定动作比赛中运动员所比规定动作组别由竞赛委员会在比赛开始前 18 ~ 72 小时抽签决定，运动员参加规定动作比赛的出场顺序也在赛前 24 小时抽签决定。在规定动作比赛时，运动员必须按出场顺序逐一完成所抽组别的规定动作，由评分裁判员根据各个运动员完成动作的质量给予评分。

国际泳联每隔 4 年在规则所列的众多规定动作中确定比赛的规定动作，并向各参与国公布本年度规定动作比赛的组别及动作名称。

1986 ~ 1990 年国际泳联公布的规定动作共有 36 个，分为 6 组，每组 6 个动作。

1990 ~ 1994 年所公布的规定动作共有 28 个，分为 7 组，每组 4 个动作。

1994 ~ 1998 年规定动作由 7 组减为 5 组，每组 4 个动作，共 20 个。

1998 ~ 2002 年公布的规定动作改为 1 组是必做动作，4 组是选做动作，每组 2 个动作，一共 10 个动作。

2005 ~ 2009 年规定动作组别中，成年组的比赛规定动作组别没有变化，但年龄组的规定动作组别减少了 2 个动作，改为 1 组是必做动作，3 组是选做动作。

在比赛中规定动作的比重在逐渐减少，如奥运会就没有采用规定动作比赛，主要是由于在规定动作比赛时运动员做的均为 4 个相同动作，既耗时多，观赏性又不强，对推广和普及花样游泳运动不利，因此国际泳联决定减少在比赛中规定动作的数量，缩短规定动作比赛所占用的时间，从而可以让运动员把更多的精力投入到自选动作的编排和创作上，提高自选动作在比赛中的地位，促使花样游泳比赛越来越精彩。

(二)技术自选动作

技术自选起初叫短节目，始于 1991 年和 1993 年花样游泳世界杯赛，在 1994 年 FINA 将其列入花样游泳比赛的一部分。其中包括 TSSC(Technological synchronized swimming committee 花样游泳技术委员会)规则包括的必做动作。技术自选动作必须包括必做动作，音乐与自选一样。

(三)自由自选动作

自选动作比赛在比赛的时间限制、音响伴奏以及裁判员的评分要求上都有比较严格的规定。自选动作比赛中的技术自选受规则限制，按照一定动作内容和动作顺序完成整套动作。而自由自选则不受内容、动作顺序的限制，自由创编，自由组合。

（四）自由自选组合

在自由自选组合项目比赛中，每队应有10人。

这里以2008年北京奥运会花样游泳赛制为例，叙述花样游泳的竞赛方式。2008年北京奥运会只进行集体和双人的技术自选和自由自选比赛。

二、根据比赛人数的分类

（一）双人比赛

图2-9　双人比赛

1. 技术自选

双人比赛的技术自选需要按顺序完成10个必做动作。时间为2分20秒（±15秒）。

2. 自由自选预赛

自由自选对音乐的选择、动作的内容没有任何限制，可以包含各种腿部和手臂动作。动作完成时间为3分30秒（±15秒）。

技术自选和自由自选的预赛成绩相加后，排在前12名的选手进入双人自由自选的决赛。

3. 自由自选决赛

进入决赛的12对选手将再次进行自由自选动作的比赛。决赛成绩是技术自选和自由自选决赛成绩（各占50%）的累加。成绩最高的队赢得金牌。

（二）集体比赛

图 2-10　集体比赛

不同于双人项目，集体自由自选项目没有预赛。

1. 技术自选

8 支参赛队伍必须根据规定的顺序完成必做动作，在 2 分 50 秒（±15 秒）内完成 12 个必做动作。

2. 自由自选

自由自选对音乐的选择、动作的内容没有任何限制，可以包含各种动作、姿态。动作完成时间为 4 分钟（±15 秒）。

3. 决赛成绩

总成绩将包括技术自选（占 50% 的比例）成绩和自由自选（占 50% 的比例）成绩两部分。成绩最高的队伍获得金牌。

第三节　花样游泳运动员的选材

运动员在进队之前，必须通过一系列的测验考核，符合条件者方可成为优秀运动队的运动员。

一、选材对身体形态方面的要求

（一）身高体形方面的选材标准

比赛中，特别是在单人自选比赛中，身材高大、体形修长的运动员做动作时所表现出来的动作幅度、难度及舒展性，跟身体形态较差的运动员相比，前者占有一定优势，容易使裁判员在比赛中产生良好的印象。因此，在选材中首先要注意运动员的身高是否有发展潜力。一般身高为 170 厘米以上者为最佳，165 ~ 168 厘米的为中等，165cm 以下者相对偏差。另外，上臂伸直时最好不要有倒臂现象。双腿并拢直立站立时，外形笔直，两膝之间没有缝隙，不能是“X”形或“O”形腿。膝盖的关节面较平，不过分突出。

（二）身体各部分比例要求

花样游泳运动员要求体态修长，还要求其身体各部分的比例要均匀，四肢匀称，躯干长度比艺术体操运动员长，下肢长度则相对略短。这样在水中不仅有助于动作的充分展示，还给人以美的感受。花样游泳运动员在水中存在一个浮力平衡问题，其漂浮能力的好坏受先天遗传因素影响，后天的训练较难改变。如果运动员下肢过长，将增加在水中维持人体水平姿势的难度，而浮点高的运动员身体出水的位置也高，可以减轻不少划水的负担。花样游泳运动员的上肢要长、手掌要较大，这一方面有利于加快游进的速度及加大手掌对水的接触面，另一方面可以增加动作的幅度和美感。

二、选材对身体素质的要求和相关测验

任何竞技体育项目都需要良好的身体素质做基础，花样游泳项目当然也不例外。踩水、跃起等需要强有力的下肢力量才能完成，所有的支撑类动作则要靠上肢和腰背肌的力量完成，各种力量素质缺一不可。

（一）一般身体素质的测定

运动员在水中主要是克服自身重量，使身体各部位尽量展现在水面以上，所以相对力量就显得更为重要一些。身体素质的力量测验通常在陆上进行，采用引体向上和肋木举腿来测相对力量，完成的质量高，数量多的即为优秀。而绝对力量则采用杠铃卧推、下蹲和腰背肌负重来测定。花样游泳运动中的倒立冲起和踩水跃起需要很好的爆发力，一般检验爆发力的测验项目有 20 秒两头收、20 秒俯卧撑、20 秒原地全蹲跳、立定跳远和 30 米跑等。

关节的柔韧性和灵活性是体现花样游泳运动员动作难度和姿态优美的重要因素之一，如果运动员的关节僵硬，就无法完成各种角度和大幅度的动作，做出的姿态也不可能舒展而优美。主要关节包括肩、肘、腕、腰、胯、膝、踝等，其中在花样游泳中运用得最多的是肩、腰、胯 3 个关节。

（二）专项身体素质的测定

随着花样游泳运动的发展，对运动员专项身体素质的要求也越来越高。在进队选材中，专项身体素质是最重要的一环，因为它是运动员前期训练的一个总结，更是运动员今后赖以发展的一个必备条件。

专项身体素质的所有测验都在水中进行，测游进速度的项目有 200 米混合泳、50 米自由泳、50 米双手上举仰泳腿、50 米侧鳖鱼腿、25 米鱼雷、25 米单芭蕾腿、25 米侧

踩水、15 米倒立侧移。测专项技术能力素质的项目有原地高位倒立、双手上举高位踩水、倒立冲起、劈叉冲起、踩水跃起等，测验的项目可根据教练员的训练目标有所增加。

三、选材对心理品质的要求

良好的心理素质是取得比赛胜利的关键，比赛中运动员任何情绪上的不稳定都有可能导致动作的失误。因此，进队时的选材还要考察运动员的心理品质和素质。首先，要求运动员热爱这项运动，意志顽强，不怕吃苦，能认真自觉地完成教练员布置的训练计划。其次，在训练中能做到注意力集中，思想活跃，对动作的理解力和记忆力较强。最后是敢于表现，自信心强，胜不骄，败不馁，这样的运动员才能适应花样游泳项目对人的心理素质的要求。①

第四节　花样游泳运动的几大赛事

一、世界游泳锦标赛

世界游泳锦标赛是由 2001 年起每 2 年举行一届的国际性游泳赛事，主办机构是国际泳联总会，1973 年举行第一届，直到 2009 年举行了第 13 届。

设有四个花样游泳项目，包括个人、双人、团体四人、团体八人。

图 2-11　墨尔本世界游泳锦标赛

① 鲁芬.浅谈花样游泳运动员的选材及其方法[J].南京体育学院学报自然科学版，Vol. 2. No. 2. 2002

表 2－1　世锦赛项目设置

双人	双人自选动作	双人规定动作
单人	单人自选动作	单人规定动作
团体	团体自选动作	团体规定动作
结合动作	规定和自由结合	

二、奥运会花样游泳项目

图 2-12　2008 年奥运会花样游泳举办场地—北京水立方

奥运会设定的项目中，双人先进行预赛，前 12 名在决赛中完成自由自选节目，集体项目没有预赛。单人、双人，还是团体都分两部分比赛内容即技术自选和自由自选。

三、其他赛事

世界少年儿童游泳锦标赛包括自由自选动作、自由自选组合、少年规定动作，前两者包括预赛（Preliminary contect）和决赛（Finals）。国际上其他赛事，可以有规定动作和其他任何项目的组合，可以包括自选动作和自由自选动作。

第五节　花样游泳运动名人简介

一、卫冕皇后达维多娃和叶尔马科娃

阿纳斯塔西娅·达维多娃（Anastasia Davydova）与阿纳斯塔西娅·叶尔马科娃（Anastasia Ermakova）这两名花样名将是一对双胞胎，她们是俄罗斯人，但是就连俄罗斯人有时都会搞错她们的名字。首先是她们起了同样的名字阿纳斯塔西娅；其次是她俩不仅个头儿差不多，而且长得也十分相似，都有一双修长的美腿，同样栗色的头发，一样的青春，都生长在莫斯科，同时进入莫斯科经贸学院经济系学习。可以说，除了双胞胎外，似乎再也找不出像她们这样有这么多共同点的花样游泳双人搭档了。

2000—2007 年，达维多娃和叶尔马科娃一直统治着世界双人花样游泳界。在北京奥运会中，她们又以近乎完美的表现夺冠。

表 2－2　达维多娃与叶尔马科的辉煌战绩

2008 年	北京奥运会双人项目冠军
2004 年	雅典奥运会双人项目冠军，欧洲花样游泳锦标赛双人项目冠军
2003 年	世界游泳锦标赛花样游泳双人项目冠军
2002 年	欧洲花样游泳锦标赛双人项目冠军；花样游泳世界杯双人项目冠军
2001 年	世界游泳锦标赛花样游泳双人项目亚军

达维多娃　　　　叶尔马科娃

图 2-13　达维多娃和叶尔马科娃

二、中国金花蒋婷婷，蒋文文

2008 年夏天，北京水立方，22 岁的孪生姐妹蒋文文和蒋婷婷将出演自己生命中最美丽的篇章——全力为中国争取有史以来首枚奥运花样游泳奖牌。这对中国金花八岁时被教练选中入行花样游泳，此后经历十几年的风风雨雨，不管高峰低谷，她们最为人所称道的一直都是出色的水感和出众的美感。在“花游教母”井村雅代的指导下，她们最终克服了重重困难，为中国的花样游泳史写下了浓墨重彩的一笔。

表 2－3　蒋文文与蒋婷婷的荣誉

2006 年	多哈亚运会集体、双人冠军
2008 年	北京奥运会团体季军
2009 年	罗马世锦赛集体技术自选季军
2009 年	罗马世锦赛双人技术自选季军
2009 年	罗马世锦赛集体自由组合亚军
2009 年	罗马世锦赛双人自由自选季军
2009 年	罗马世锦赛集体自由自选季军

图 2-14　比赛中的蒋文文、蒋婷婷

第六节　花样游泳运动所需的专项条件

花样游泳项目对运动员的身体条件有较高的要求，使之适应该项目的发展。随着花样游泳项目竞技性的增强，它对运动员的身体条件提出了更高的要求。运动员的体能水平和心理素质在其竞技能力的构成因素中居于主导和核心的地位。

一、体型要求

花样游泳项目要求运动员要有良好修长的身材，以便在水中做动作时减少水对人体的阻力，这正是当前花样游泳项目发展的趋势之一，另外，运动员手臂长、腰部长不仅对完美地完成水中动作有积极影响，能增强美感，更有利于保证运动员完成花泳动作时的平衡与稳定、节省能量、提高动作效率。花样游泳比赛是靠裁判员评分来决定运动员的比赛成绩的，评分种类分为技术分和艺术分，艺术分中又包括印象分。在比赛中，特别是在单人自选比赛中，身材高大、体形修长的运动员做动作时所表现出来的动作幅度、难度及舒展性，跟身体形态较差的运动员相比，前者占有一定优势，容易使裁判员在比赛中产生良好的印象。

图 2-15　多数花样游泳运动员都是“形体美”的象征

二、身体基本素质要求

(一)耐力

图 2-16　长时间在水下需要一定的耐力

耐力素质是花样游泳运动员完成运动技术、提高运动成绩的前提,同时影响制约动作质量。世界优秀花样游泳运动员都非常重视水中耐力素质训练,将大力发展水中耐力素质放在极其重要的位置，全年训练都安排有中长距离的游泳练习。因此，在对花样游泳运动员进行素质训练时，我们必须加强其水中耐力素质的训练。

（二）力量

肘、膝关节活动力量对花泳运动员是非常关键的，尤其对她们的出水高度有决定性的影响。腹肌力量对于维护出水时各种垂直姿势也是基本的要求。有研究发现，在肘、膝、腰、腹肌力量与成绩的相关系数中，腹肌耐力与花泳成绩的相关系数最高。

图 2-17　托举动作考验的是运动员肩部和腿部力量

三、心理素质

良好的心理素质是取得比赛胜利的关键，比赛中运动员任何情绪上的不稳定都有可能导致动作的失误。首先，要求运动员热爱这项运动，意志顽强，不怕吃苦，能认真自觉地完成教练员布置的训练计划。其次，在训练中能做到注意力集中，思想活跃，对动作的理解力和记忆力较强。最后，敢于表现，自信心强，胜不骄，败不馁，这样的运动员才能适应花样游泳项目对人的心理素质的要求。①

① 陈爱萍. 我国花样游泳健将级运动员体能结构特征的研究[J]. 广州体育学院学报，Vol. 26. No. 6. 2006

图 2-18 比赛中良好的心理素质是夺冠的关键

第七节 花样游泳运动价值

随着花样游泳运动的发展，它的价值也在不断被人发觉，包括花样游泳本身的健身美体价值、美学价值、促进人与自然相结合的价值，当然还同时包括了观赏价值、商业价值等。

一、健身价值

花样游泳本身具有很好的健身价值，参与者可以在水中闭气换气从而提高自己的心肺功能，通过不断变化游泳姿势锻炼自己的协调能力，同时作为游泳运动，它也能锻炼耐力和力量。花样游泳运动员往往拥有姣好的体型，引起大众的羡慕。

图 2-19 作为水上运动，花样游泳的健身价值是显而易见的

二、美学价值

花样游泳被称为“水上芭蕾”，可见，这是一项集各种美学和运动为一身的运动，运动员身着艳丽的服装，配以完美的体型，在节奏鲜明的音乐中表现出那种刚柔并济的艺术美、造型美、和技术美。

图 2-20　花样游泳从来不乏“美”存在

三、人与自然的结合

人类总是在试图与自然融合，花样运动员在泳池中畅泳，体现出我们人类在这个以水为主的星球的亲和力。

图 2-21　花样游泳是人与水的融合

四、观赏价值

每年的各种花样游泳大赛，都会吸引众多的爱好者去观赏。观众欣赏那种对抗的气氛、动作的技巧性和运动员本身的魅力，人们为一个接一个的动作惊呼，为完美的演出喝彩，为自己心仪的运动员献上鲜花，无不体现出这些项“美”的运动的观赏价值。

图 2-22 一个正在观看美国队比赛的观众

五、商业价值

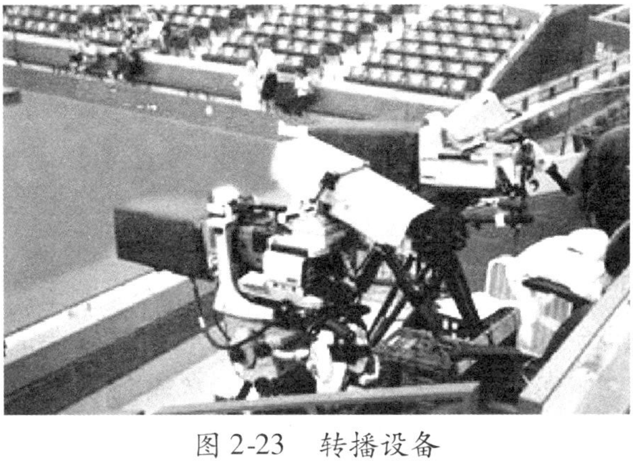

图 2-23 转播设备

不管是广告、转播,还是对举办地的宣传,花样游泳的商业价值正在逐渐地被人们发掘,这也为这项运动的发展奠定了基础,运动本身的发展更加推动了花样游泳市场价值的开发。一个大型的比赛,如2008年奥运会,2009年世锦赛都会吸引较多的大型企业来投入广告,也会吸引大的转播机构来参与,因为他们明白,在这项关注人群较多的项目中充满无限商机。

第八节　如何欣赏花样游泳运动

花样游泳要求运动员通过肢体语言的表达,将自己对配乐内涵的理解恰如其分地展现出来,在整套动作中,动作的力量与速度都是与配乐相互呼应的,因此运动员在现场对音乐的把握十分重要。

图3-24　赛场礼仪

一、观赛礼仪

观众怎样做才能恰如其分地表达自己的感情,又不影响运动员听清楚音乐呢?严格来说,观看花样游泳比赛的观众,从运动员在池边摆好准备动作,到运动员完成比赛,最后在水池中向裁判和观众致意,期间观众都不应该发出声响。因为其间有音乐,鼓掌、叫好都会使运动员对节奏的判断产生影响,如果观众要鼓掌叫好,也应该是在运动员完成全套动作,现场音乐结束之后。

二、花样游泳的欣赏内容

花样游泳任何一套动作选取的音乐，都是有一个明确的思想主题的，围绕这个思想主题，运动员和教练员在设计动作的时候，就会根据主题，在水中模拟一些造型和场景，以达到动作和音乐配合、相互体现的目的。在这种情况下，观众欣赏内容主要集中在以下两个方面。

1. 领略名将风范

每逢花样游泳大赛，都会吸引来自世界各地的花样游泳著名运动员来参与，她们的一举一动都受到了观众和媒体的关注。高水平花样游泳运动员的技术、协调、优美，都可以在她们的每个节目中体现出来，所以我们在欣赏花样游泳比赛时，可以事先了解下这些名将的相关事迹和新闻，然后结合比赛进行欣赏，那样不仅可以更好地欣赏比赛，还增加了对花样游泳比赛的兴趣。

2. 了解竞赛方法

花样游泳的比赛方式比较多样，各种比赛项目设置的不同，所以在比赛之前我们一定要知道一些关于花样游泳比赛的基本常识、比赛名称、项目设置等等，当然更重要的是要了解一些必备的规则知识，比如比赛时什么样的动作偏易，而什么样的动作偏难。只有这样，我们才能更加明了地欣赏跳水比赛。

第三章

花样游泳运动基本姿势和动作

花样游泳技术繁多，其中基本姿势和基本动作是其他技术的基础，是学习其他复杂技术的初始阶段。比赛时的规定动作都是由这些基本姿势和动作组成的，所以，我们要由简到繁，由易到难，从基础开始学习。

第一节　花样游泳的基本姿势

所有的基本姿势必须围绕以下4点要求进行：①两臂位置自如；②脚尖必须绷直；③形体显示要位于水平面；④两腿、躯干和颈部要充分伸直。

一、仰浮姿势

（一）要求

身体伸展，头、脸、胸和脚面位于水平面，水淹于齐耳处。

（二）学习方法

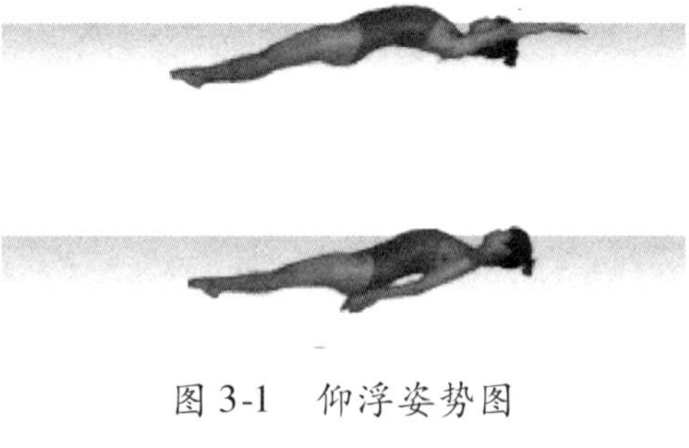

图3-1　仰浮姿势图

①首先掌握水平划水的方法,陆上体会划水的路线(八字形)。

②全身伸直平躺在陆上,脚面绷直,腿、臀肌肉夹紧,眼睛上视。

③池边脚尖支撑(固定),学习划水的方法(快、慢交替),再游动支撑划水。

二、俯浮姿势

(一)要求

身体伸展成一直线位于水平面,脸可以在水上也可以在水下。

(二)学习方法

①陆上模仿(以一固定物支撑腹部)。

②同上练习,加划水动作,划水时手位于体侧做八字形内、外拨水。

③脚尖固定池边做俯浮低头划水(脸于水中),可抬头吸气再进行练习。

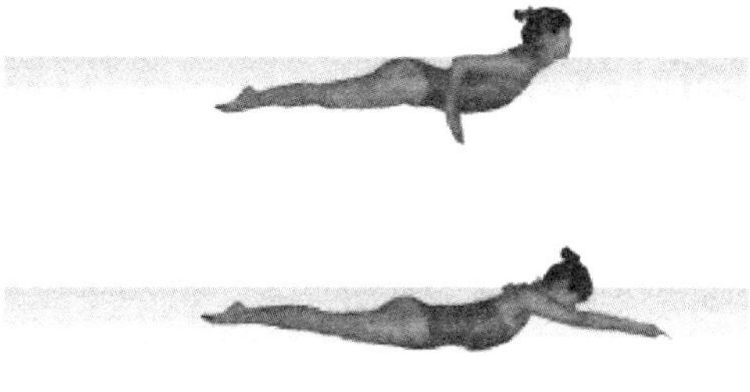

图 3-2　俯浮姿势图

三、单芭蕾腿姿势

(一)要求

身体呈仰浮姿势,一腿与水面垂直,一腿与水面平行。垂直腿水面位于膝、腰之间,水平腿与躯干保持一条直线。有水面、水下两种方式。

(二)学习方法

图 3-3　单芭蕾腿姿势图

①陆上仰卧垫上进行模仿,节拍可以由少至多(即4拍至8拍),但动作必须速度均匀。

②水上池边固定支撑,先做屈膝动作练习,再做直腿30°~45°控腿,最后做完整动作。体会屈膝与举腿后划水动作不变,而速度加快。

③同上练习(游动支撑做),垂直腿的控制节拍可逐渐增加。

四、火鹤姿势

(一)要求

一腿伸直垂直水面,另一腿收至胸部,小腿中部与垂直腿交错,与水面平行,水面位于垂直腿膝、踝之间。有水面和水下两种形式。

(二)学习方法

①在陆上模范屈膝至单芭蕾腿动作。

②水中学习屈膝动作,感觉屈膝时划水的位置以及身体姿势的变化。

③固定支撑单芭蕾腿至火鹤。

④游动支撑单芭蕾腿至火鹤。

图3-4　火鹤姿势图

五、双芭蕾腿姿势

(一)要求

两腿并拢伸直垂直水面,并与躯干尽可能呈90°,头与躯干成一条直线。有水面、水下两种练习方法。

(二)学习方法

①陆上模仿从屈膝至双芭蕾腿。

②水上固定支撑由单芭蕾腿至火鹤再逐渐做双芭蕾。一定要坚持划水并加快划水速度。

③同上做游动支撑练习双芭蕾腿。

图 3-5　双芭蕾腿姿势图

六、垂直姿势

（一）要求

身体伸展，与水面垂直，头朝下两腿并拢，臀、踝成一直线。划水时肘部夹紧避免大臂参与划水动作。划水时小臂交替外展、内收，呈八字形路线。

（二）学习方法

①路上靠墙倒立练习身体垂直姿势。

②水中坐池底，身体贴壁做划水练习。

③池边屈膝挂退贴壁做划水练习。

④同上练习，可交替使一条腿垂直水面进行划水练习。

⑤水中倒立做划水练习，使身体逐渐升至水面。

图 3-6　垂直姿势图

七、鹤立姿势

（一）要求

头朝下，身体伸直成垂直姿势，一腿与水面平行与躯干成 90°。

(二)学习方法

①陆上靠墙倒立,一腿放下与地面平行。

②身体贴池壁做倒立至另一腿成水平姿势。

③池底倒立,划水使身体上升至逐渐放下一腿成水面平行姿势。

图 3-7　鹤立姿势图

八、鱼尾姿势

(一)要求

身体姿势倒鹤立,不管身体位置下沉多深,水平腿的脚面应位于水面。

(二)学习方法

①靠墙倒立,体验水平腿脚面位于水面的感觉(由同伴帮助)。

②池边靠壁倒立做同上练习。

③游离池壁从水底垂直划水上升做水平腿放下使脚面位于水面的练习。

图 3-8　鱼尾姿势图

九、团身姿势

(一)要求

屈膝,弓背,身体尽量收紧,两腿并拢,腿跟靠近臀部,头部靠近膝盖。

(二)学习方法

①陆上垫上模仿团身动作。

②水中做团身划水动作,头部位于水中,脸露出水面,收腿时,小腿与水面平行。

图 3-9 团身姿势图

十、前屈体姿势

(一)要求

身体叠成 90°,两腿并拢伸直与水面平行,躯干垂直于水面。

(二)学习方法

①陆上垫上练习叠体姿势。

②靠墙倒立,将双腿放下成 90°,腿与地面平行。

③池边俯浮做躯体划水练习(身体由水平成屈体,再由屈体成水平)。

图 3-10 前屈体姿势图

十一、后屈体姿势

(一)要求

身体叠成 45°或小于 45°,两腿并拢伸直,头与躯干成一直线。

(二)学习方法

①陆上垫上做叠体动作。

②水中由同伴帮助做叠体动作。

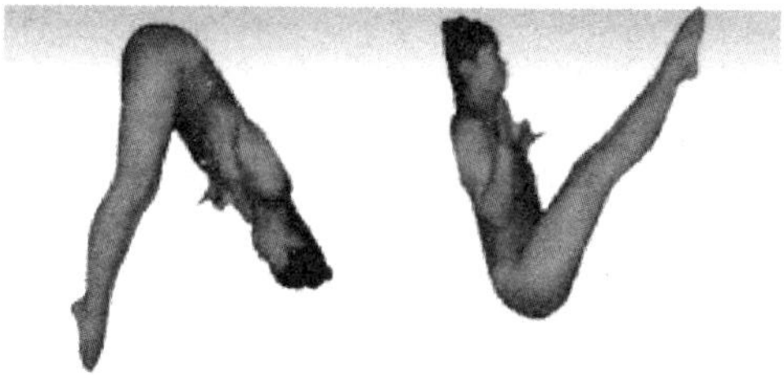

图 3-11　后屈体姿势图

十二、海豚弧姿势

(一)要求

身体成弧形,使头、臂和腿在一条直线上,两腿并拢。

(二)学习方法

①学习脚向鱼雷划水方法(陆上模仿)。

②垫上下桥练习。

③水上做脚向鱼雷划水至弓腰成弧形动作。

图 3-12　海豚弧姿势图

十三、水面弧形姿势

(一)要求

背向下成弧形,臂、肩和头在一条垂线上,两腿并拢位于水面。

(二)学习方法

①陆上学习头向鱼雷划水。

②垫上做桥练习。

③水中由头向鱼雷,划水至弓腰成弧形。

图 3-13　水面弧形姿势图

十四、屈膝姿势

(一)要求

身体成俯浮、仰浮、垂直或弧形姿势,一腿弯曲,脚尖位于直腿膝内侧处,做仰浮和水面弧时,大腿需与水面平行。

(二)学习方法

①垫上劈叉练习。

②倒立劈叉成屈膝前软起。

③水中屈膝倒立至越步。

图 3-14　屈膝姿势图

十五、劈叉姿势

(一)要求

两腿前后分开,脚和臀部靠近水面成一条直线,背部挺起,躯干与水面垂直。

(二)学习方法

①陆上劈叉练习(前后竖叉)。

②倒立成劈叉姿势。

③水中倒立成劈叉姿势。

图 3-15　劈叉姿势图

十六、骑士姿势

（一）要求

一腿垂直于水面与躯干成一直线，一腿向后伸直与水面平行，脚在水面上。

（二）学习方法

①陆上面靠墙倒立做骑士姿势（由同伴帮助）。

②垫上倒立做骑士姿势（由同伴帮助）。

③水中按照陆上同样练习步骤进行。

图 3-16　骑士姿势图

十七、骑士变形姿势

（一）要求

背向成弧形，臀、头、肩成一垂线，一腿垂直于水面，另一腿屈膝成 90°或小于 90°，大腿和胫首与水面平行。

（二）学习方法

①陆上面对墙倒立做起始姿势。

②垫上倒立做骑士变形姿势（由同伴帮助）。

③水中靠池壁倒立做同上练习。

④水中游离池壁倒立做同上练习。

图 3-17　骑士变形姿势图

十八、鹤倒立姿势

（一）要求

身体成垂直姿势，一腿在体侧伸直与身体成 90°。

（二）学习方法

①陆上靠墙倒立做鹤倒立姿势。

②垫上倒立做鹤倒立姿势（由同伴帮助）。

③水中靠池壁做鹤倒立姿势。

④水中游离池壁做鹤倒立姿势。

图 3-18　鹤倒立姿势图

第二节　花样游泳的基本动作

花样游泳基本动作共有 14 个，包括成芭蕾腿姿势、放下芭蕾腿、成前屈体姿势、上拱成仰浮姿势结束动作、越步、卡塔里纳转动、反卡塔里纳转动、冲起、垂直下沉、转体、旋转、海豚、海豚成垂直、垂直下沉成海豚弧。

一、成芭蕾腿姿势

（一）要求

以仰浮姿势开始，一腿始终保持在水面上，另一腿沿直线在腿内侧滑动至膝关节内侧，大腿不动，膝盖伸直成单芭蕾腿姿势。

（二）学习方法

①仰浮垫上按老师节拍做动作，速度要均匀，成单芭蕾腿时，大腿不动，膝盖伸直。

②水中固定支撑，按陆上节拍练习。

③水中游动支撑做同上练习，非芭蕾腿的脚面要控制在水面上。

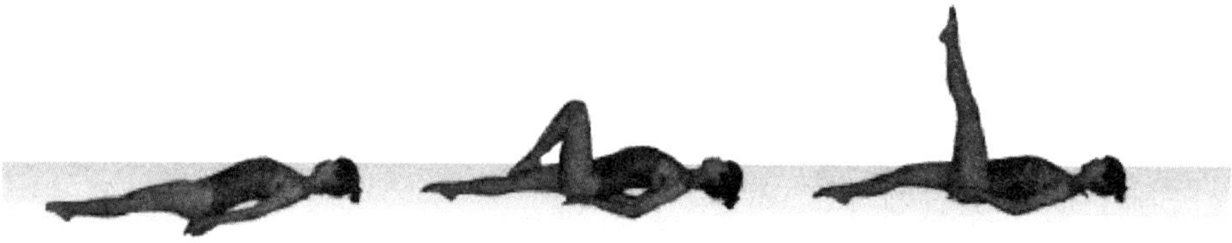

图 3-19　成芭蕾腿姿势图

二、放下芭蕾腿

（一）要求

大腿不动，芭蕾腿弯曲成屈膝姿势。脚尖沿非芭蕾腿内侧滑动至仰浮姿势。

（二）学习方法

①仰浮垫上按老师节拍做动作。放下单芭蕾腿时，大腿不动，成屈膝姿势沿非芭蕾腿内侧滑动成仰浮。

②水中从池边固定支撑划水至游动支撑划水，使非芭蕾腿脚面位于水上。

图 3-20　放下芭蕾腿姿势图

三、成前屈体姿势

（一）要求

当躯干向下成前屈体姿势时，臀部两腿和两脚沿水面向前移动，直到臀部到达头部开始姿势时的位置。

（二）学习方法

①陆上站立模仿成屈体划水动作。

②水中运用标志点做屈体姿势，观察臀部是否到头部位置，培养动作方位感觉。

图 3-21　成前屈体姿势图

四、上拱成仰浮姿势结束动作

（一）要求

做脚向鱼雷划水，身体从拱形至臀、胸、脸依次在一点出水，使头到达臀部所在位置成仰浮姿势。

（二）学习方法

①陆上由站立至仰浮做脚向鱼雷划水练习。

②水中身体成弧形做脚向鱼雷推水动作。

③以标志点检查头是否到达臀部开始的位置。

图 3-22　上拱成仰浮姿势结束动作图

五、越步

(一)要求

由劈叉姿势开始,当一腿在水面抬起画弧与另一腿并拢时,臀部保持固定。包括向前越步和向后越步两种形式。

(二)学习方法

①陆上倒立劈叉至前轮翻练习。

②陆上倒立劈叉至后轮翻练习。

③水上倒立劈叉做同上练习(先脚尖固定支撑于池壁再过渡至游动支撑做)。

图 3-23　向前越步图

六、卡塔里纳转动

(一)要求

从芭蕾腿姿势开始,垂直腿保持不动,躯干向后下方做转动成鹤立姿势。转动中两腿必须保持 90°。

(二)学习方法

①陆上站立,一腿支撑在肋木上成 90°,体会躯干后倒转动成水平鹤立姿势。

②水中固定支撑(池壁)成单芭蕾腿做同上练习。

③水中游动支撑做同上练习。转动时要固定垂直腿。

图 3-24　卡塔里纳转动图

七、反卡塔里纳转动

(一)要求

从鹤立姿势开始,躯干抬起的同时,臀部旋转,成芭蕾腿姿势。在转动中,两腿保持 90°。

(二)学习方法

①一腿支撑,另一腿放于肋木上,身体与地面平行,然后将身体转动至仰卧。

②水中靠池壁成鹤立(水平腿脚尖固定于池边),转动身体成单芭蕾腿。

③水中做完整动作。

图 3-25　反卡塔里纳转动图

八、冲起

(一)要求

从两腿与水面垂直的躯体姿势开始,两腿和臀迅速向上顶起,身体展开成垂直姿势。

(二)学习方法

①陆上垫上做肩胛倒立,体会屈体至展体的向上垂直运动。

②腿贴池壁,在水中成屈体顶起至垂直姿势。

③在水中做完整动作。

图 3-26　冲起图

九、垂直下沉

(一)要求

保持垂直姿势,身体沿纵轴下沉,直到腿没入水中。

(二)学习方法

①陆上靠墙做正、反面倒立练习。

②在水中身体靠池壁做垂直姿势至下沉。

③水中做完整动作。

图 3-27　垂直下沉图

十、转体

（一）要求

以垂直姿势在最高点做的转动，水面位于踝、臀之间，身体围绕纵轴转体，垂直下沉完成动作。有转体半周、转体一周和急转3周三种。

（二）学习方法

①垫上倒立由同伴帮助体会身体沿纵轴转动的感觉。

②水中倒立由同伴帮助（手抓住动作者的脚尖）做转动半周至一周或者急转练习。

③做完整的转体动作。

图3-28　转体图

十一、旋转

（一）要求

以垂直姿势做匀速旋转。身体围绕纵轴转动。有180°旋转、380°旋转，连续旋转、转体接下旋、上旋180°、上旋360°、联合旋转、反联合旋转等。

（二）学习方法

①站立做身体围绕纵轴的旋转划手练习。

②在同伴的帮助下（抓动作脚尖）在水中做旋转动作。

③独立完成动作。

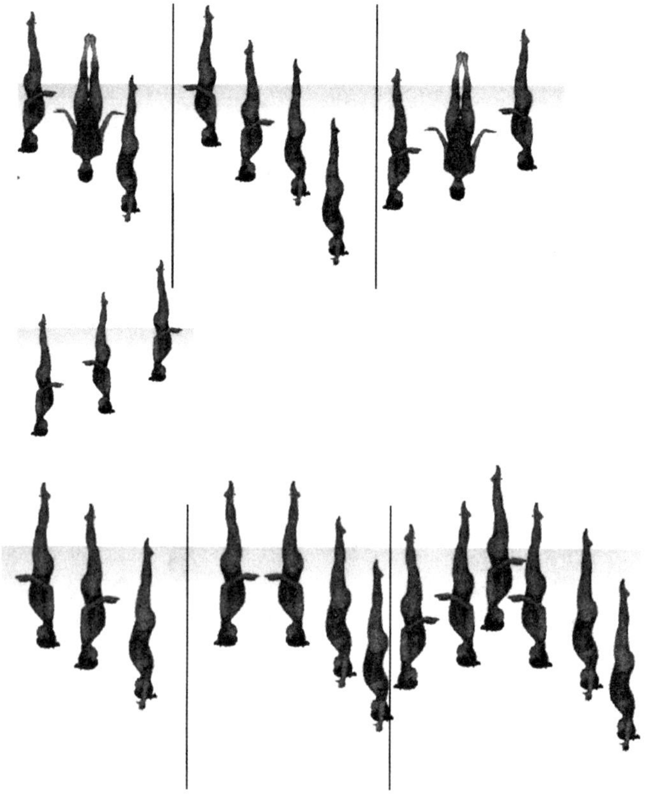

图 3-29　依次为下旋 180°、下旋 360°、上旋 180°、上旋 360°、连续旋转、转体接下旋、联合旋转与反联合旋转

十二、海豚

（一）要求

以仰浮姿势开始，身体沿直径约 2.5 米的圆做圆周运动。一头领先，臀和脚依次离开水面成海豚弧，身体继续运动使头、臀和脚在同一点出水，直到身体在水面上成仰浮姿势。

（二）学习方法

①陆上练习下桥。

②以标志点做水中圆周运动。

③独立完成动作。

图 3-30 海豚图

十三、海豚成垂直

（一）头到达圆周的 1/4 点时，继续运动，身体向下成垂直姿势，当脚到达 1/4 圆周点时，保持垂直姿势，向上移动至水面位于膝、臀之间。

（二）学习方法

①垫上身体向后弯曲成"桥"，再过渡至倒立姿势。

②水上练习头向鱼雷划水至倒立姿势。

③水中练习池底倒立至身体垂直上升。

④完整动作。

图 3-31 海豚成垂直图

十四、垂直下沉成海豚弧

(一)要求

身体垂直下沉直到臀部到达圆周的1/4处,头带动身体继续沿圆周线进入海豚弧,然后再做海豚式。

(二)学习方法

①垫上身体向后弯曲成“桥”,再过渡至倒立姿势。

②水上练习头向鱼雷划水至倒立姿势。

③水中练习池底倒立至身体垂直上升。

④完整动作。

图3-32 垂直下沉成海豚图

第四章

花样游泳运动基本技术

基本技术是保证花样游泳动作顺利完成的基础，其中包括了我们常规的游泳技术，也包括花样游泳特有的推进、定位和组合动作技术，本章就以上几个技术进行讲解。

第一节 游泳技术

一、蛙泳

肩、头抬出水面，手前伸，不能马上回收，稍停顿。回收时两手置胸部，伸手、伸腿与收手、收腿应大致落在一个节拍上。

学习方法：

①陆上模仿节奏游的蛙泳技术，按 2 拍一动做伸、收动作。

②扶板抬头蹬腿（抬胸、抬肩、眼睛正视前方）。

③按 2 拍一动练习配合游。

二、仰泳

肩、头稍高出水面，脚不踢水花，直臂绕肩向后划水。

学习方法：

①陆上模仿从单臂至两臂交替划水。

②水中练习仰泳腿（不出水花）。

③配合游做直臂或屈臂的一次连续划动，可采用 1 拍或 2 拍一动练习。

三、自由泳

肩、头抬出水面，移臂时以肩带动做围绕动作，脚不打出水花，眼睛正视前方。

学习方法：

①陆上从单臂至两臂交替做划水模仿练习。

②扶板抬头、抬肩。

③配合游可采用直臂或屈臂，但两臂要衔接合理。移臂时，另一臂必须在水中支撑。

四、侧泳

身体侧卧、肩峰对着前进方向，两臂胸前交叉，两腿交替做蹬夹动作，蹬完腿正好两臂伸直。

学习方法：

①陆上做臂、腿分解练习模仿至配合模仿。

②扶板练习腿的蹬夹动作至与一臂配合。

③按节拍做臂、腿同时收伸的配合动作。

图 4-1　侧泳

五、潜泳

身体沉入水中，两臂划水幅度较大，速度转慢，可采用蛙泳腿或自由泳腿进行练习。

学习方法：

①陆上模仿蛙泳长划臂的动作。

②水中定向练习蛙泳腿或自由泳腿动作。

③完整配合游，不断增加重复次数，逐渐增加潜远距离。

图 4-2 潜泳

六、踩水

花样游泳自选动作常用技术之一。在踩水中可以各种手型变化。踩水时要求头、肩位于水面，两腿做交替向下踩水动作。

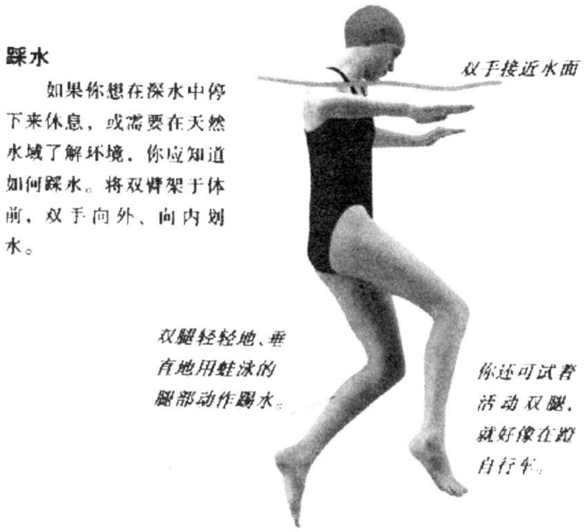

图 4-3 踩水

学习方法：

①陆上单腿支撑站立做腿的动作至模仿踩水时臂腿配合动作。

②手扶支撑物做两腿交替踩水。

③臂、腿配合踩水。

七、跃起

在自选动作中常用的一种立体造型。跃起时，身体位置越高越好。

学习方法：

①陆上按口令体会由慢至快踩水和跃起瞬时的感觉(单腿支撑)。

②水中跃起莫高练习。

③游动至定点跃起(或按老师信号做跃起)。

图 4-4　跃起

第二节　推进技术

包括基本划水方法、脚向和头向游进、头向和脚向鱼雷等。

一、划水方法

划水时基础游的最基本技术，它包括脚向游进、头向游进以及身体浮、沉及转动。划水时肩要松，以肘为支点，做“摇橹”状的划动。手掌是主要的化水面，由手腕的角度变化而产生推进力。有水平划水(手腕和手指呈一条直线)、背屈 45°划水和掌屈 45°划水 3 种。

学习方法：

①陆上模仿，站立或仰卧垫上做划水练习。

②脚固定池边做划水练习。

③游动支撑做脚向与头向的划水练习。

二、前进划水

有头向前进、脚向前进、脚向鱼雷、头向鱼雷 4 种。

学习方法：

①头向前进。仰浮（或俯浮）姿势，手臂体侧做背屈划水。练习时先在陆上掌握划水方法，再利用脚夹浮漂练习前进划水。

②脚向前进。仰浮姿势，手指体侧做掌屈 45°划水。练习方法同上。

③脚向鱼雷。仰浮姿势，手置头上，手腕背屈做向后推水。练习时要以肘关节为轴做屈伸动作。方法同上。

④头向鱼雷。仰卧姿势，手置头山，手腕掌屈做外拨后推的划水动作。动作幅度不宜过大，做蛙泳的“小划臂”。练习方法同上。

三、支撑身体划水

这是自选动作中常用的技术。

倒立划水：包括垂直倒立划水和水平倒立划水两种。在水中保持和稳定身体的一种划水方法。手腕与手臂呈水平，肘关节位于腰侧，以其为支点做向外拨水，向内抓水的“∞”字形“摇橹”动作。练习时可先在陆上靠墙倒立练习身体姿势，再站立靠墙做划水练习，在水上可站立与池底做正向划水，再倒挂腿（池壁）做反向划水。

第三节　定位造型

包括横滚、鲨鱼、托举、平转、漂浮花型 4 种。

一、横滚

身体仰浮或俯浮于水面，围绕身体纵轴做旋转。在自选动作编排时常以横滚作为过渡动作。

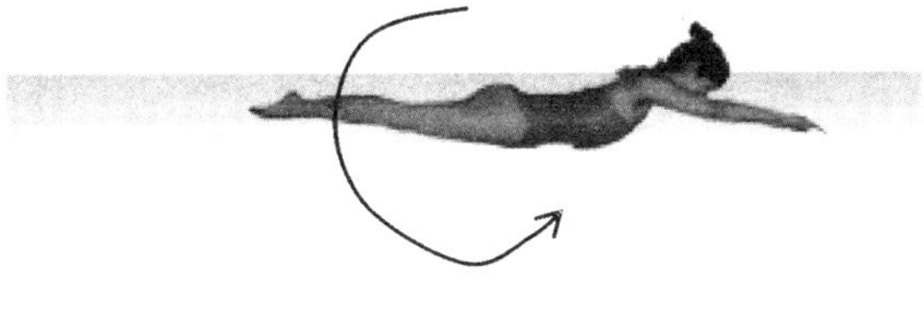

图 4-5　横滚图

二、鲨鱼

身体侧卧水中，躯干伸展成弓形，移臂上举与水面垂直，一臂位于水下划动做拨水动作，身体沿水面平转360°，一般与侧泳节奏游连接。

三、平转

身体成屈体或团身姿势，沿水面做磨盘式转动。在自选动作编排时常以平转作为过渡动作。

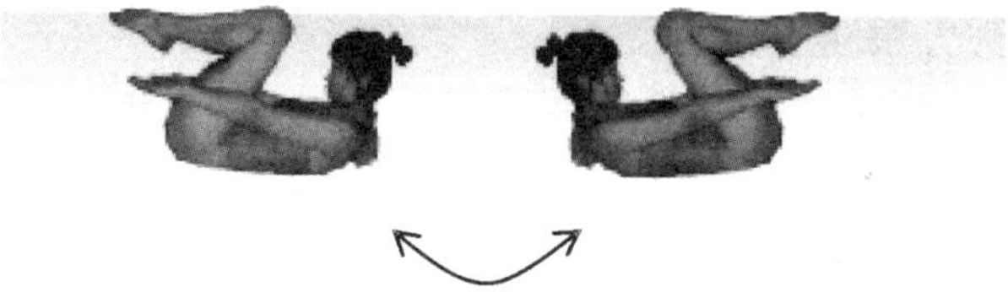

图 4-6　平转

四、漂浮花型

在水面构成的平面图形，可由单人、双人或多人组成。在自选动作编排时，多以这种形式进行穿插。

图 4-7　漂浮花型

第四节　组合串

可以一种泳式组合游,也可以两种以上的姿势组合游,开始按照口令节拍做,逐渐过渡到配合音乐练习。

一、一种泳式组合游

以某一种泳法做节拍游泳或配上音乐游动。逐渐增加游动距离。

学习方法:

①陆上按老师口令做模仿练习。

②水上自己默念节拍游泳。

③按老师口令编队形游泳。

二、两种以上姿势组合游

根据学生掌握的技术水平,可以由两种姿势转换至多种姿势,每一种转换中可以横滚与平转动作过渡。

学习方法:

①陆上学习两种姿势之间的连接技术(横滚和平转)。

②按照规定的节拍熟悉动作与队形变化(陆上)。

③水上个人体会整套动作组合。

④集体练习(按口令或音乐进行)。

第五章

竞赛规则裁判规则

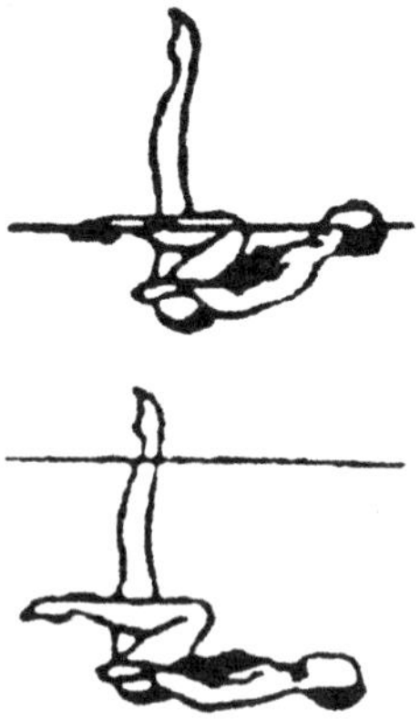

花样游泳具有一个系统的和严密的规则体系，国际泳联每隔一段时期都会根据以往的比赛对其进行修改和建议，使其更加完善。本章通过对《国际泳联花样游泳规则（2009 ~ 2013）》《Synchronised Swimming Rules 2009 ~ 2013》和《跳水规则和花样游泳裁判员手册》的总结，对花样游泳规则进行一个简要的叙述，并重点介绍规定动作的裁判标准，旨在让读者了解花样游泳的比赛方式和比赛要点，指导观众更好地观看花样游泳。

第一节　不同的项目规则

在第二章中我们已经提到了花样游泳比赛根据动作的选择可以分为“规定动作”和“自选动作”两个项目，接下来我们就从这两个方面来了解花样游泳的规则。

一、规定动作

规定动作比赛要求每一个参加比赛的运动员，必须完成规定的一组（包括 2 个花样动作）的必做动作和一组选做动作。规定动作比赛中运动员所比规定动作组别是由竞赛委员会在规定动作比赛开始前 18 ~ 72 小时抽签决定。

根据国际泳联的规定，一般只举行一次规定动作比赛，不进行预赛和决赛。

（一）规定动作的裁判

1. 规定动作的裁判方针

判定规定动作应看其是否高位、有控制、动作匀速、清楚。

2. 规定动作的判断标准

(1)图形——规定动作中的姿势和动作的难度价值。[1]

特定图形——身体姿势和衔接动作的准确。

①直线、角度弧和圆心准确。

例:a)芭蕾腿于水面垂直。

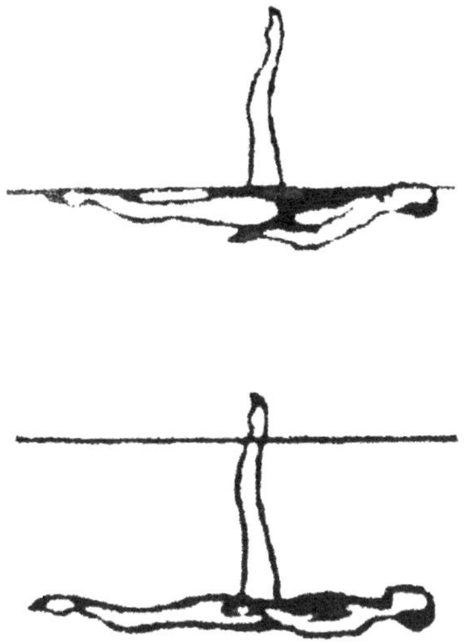

图 5-1　芭蕾腿

b)鱼尾中腿脚位于水面。

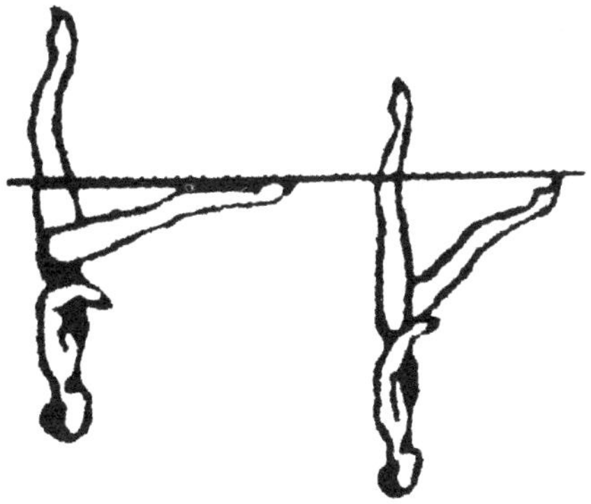

图 5-2　鱼尾

① 国家体育总局游泳运动管理中心审定.跳水规则裁判法和花样游泳裁判员守则[M].北京:人民体育出版社,2000.11

c)海豚中,身体必须返一个圆

图 5-3　海豚

②身体各部分成直线。

例:a)在垂直中,耳、肩、髋和踝骨成直线。

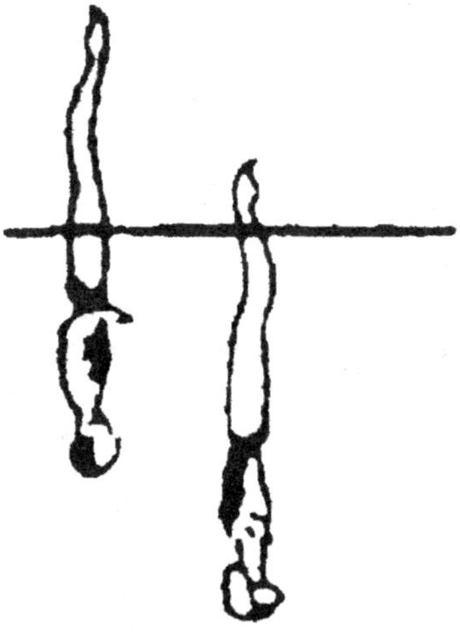

图 5-4　垂直

b)在劈叉中,头、肩和髋成垂直直线,髋和肩关节成水平直线,两条水平直线平行成正方形。

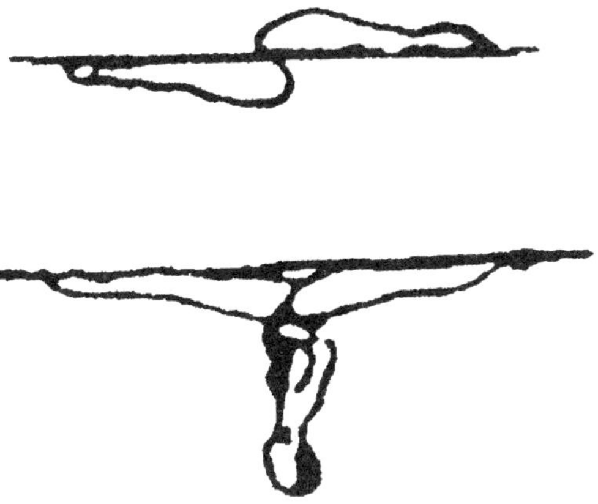

图 5-5　劈叉

③正确的屈体和团身。

例:a)前屈体中的 90°。

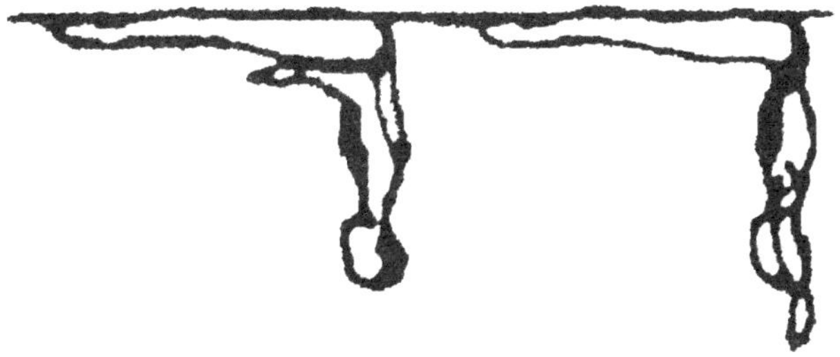

图 5-6　前屈

b)后屈 45°角以下,两腿和躯干伸直。

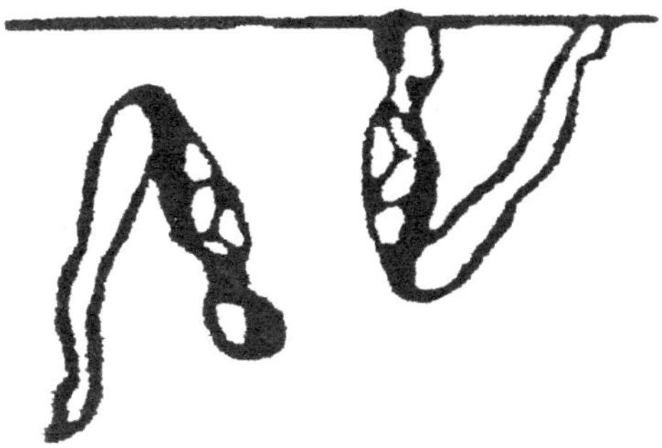

图 5-7　后屈

c)团身时尽量贴紧。

图 5-8 团身

④准确的连续动作。

例:a)上拱成仰浮姿势结束动作时,头代替髋的位置。

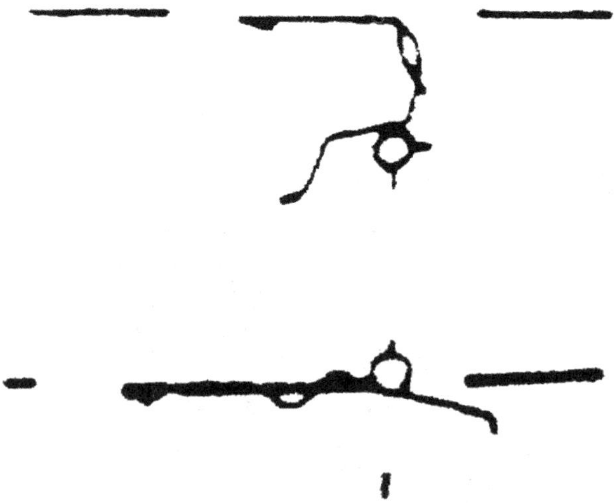

图 5-9 上拱成仰浮姿势结束动作

b)在成为屈体姿势时,髋代替头在水面的位置。

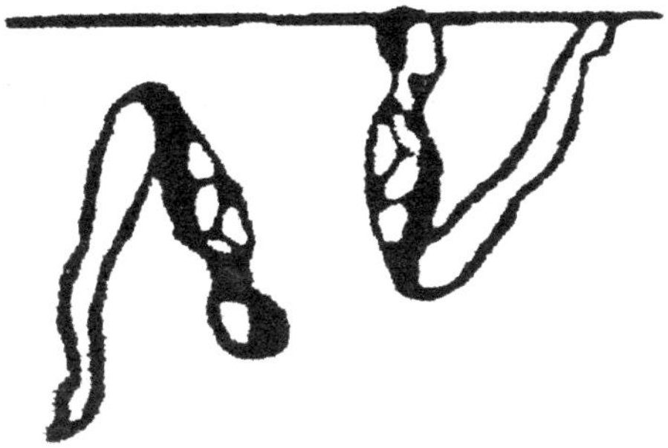

图 5-10　后屈时头与髋在一条垂线上

c)在联合旋转时,上升旋转和下沉旋转必须相等。

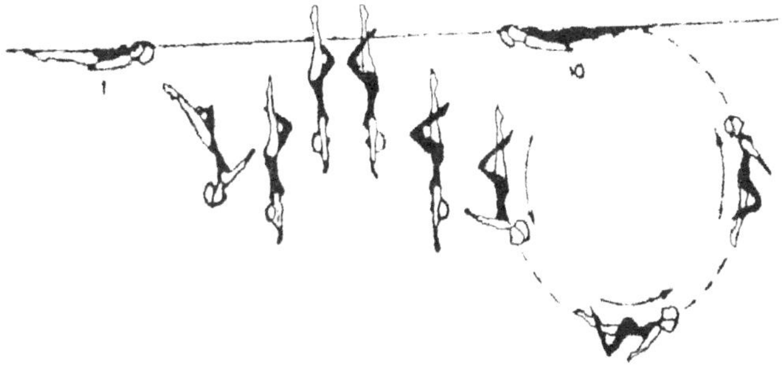

图 5-11　屈膝"海豚"转体中的连续旋转(黑白标注左右腿),难度系数 1.6

(2)控制——规定动作的控制是否良好,表现为以下几个方面:

· 保持稳定的,正确的姿势
· 根据要求平滑、准确、省力地移动身体
· 除非特别说明,保持在一点上
· 给人以轻松的整体印象

①伸展——整个规定过程中,全身都要伸展,除非特别说明。

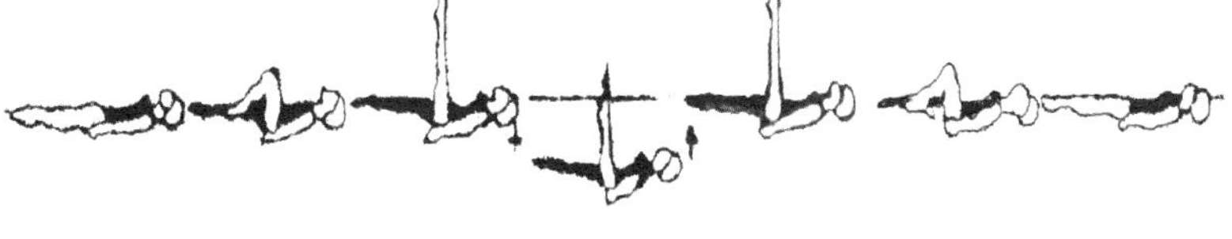

图 5-12　单芭蕾腿下沉的身体伸展,难度系数 1.6

②成最大高度——除非特别说明,身体各部分于水面的关系。

图 5-13 “新星”式中髋与水面距离的变化,难度系数 2.0

③匀速运动——除非特别说明,整个规定动作过程中保持动作速度,当规则要求规定各部分间转变要匀速,这种转变必须顺畅。

④固定一点上不要移动,除了规则说明需移动。

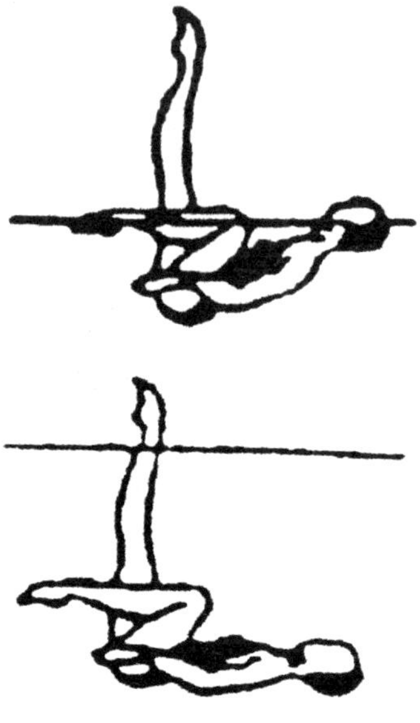

图 5-14 火鹤式的静止

⑤稳定——保持平衡,姿势变化时,不应受到影响。

图 5-15　“脚向海豚”单芭蕾腿的姿势变化，难度系数 1.7

⑥清晰——两个姿势间转换要清晰，连接动作要直接连续。

2. 规定动作裁判的基本原则

(1)评价垂直线和水平线时，要看身体各点是否在一条线上。

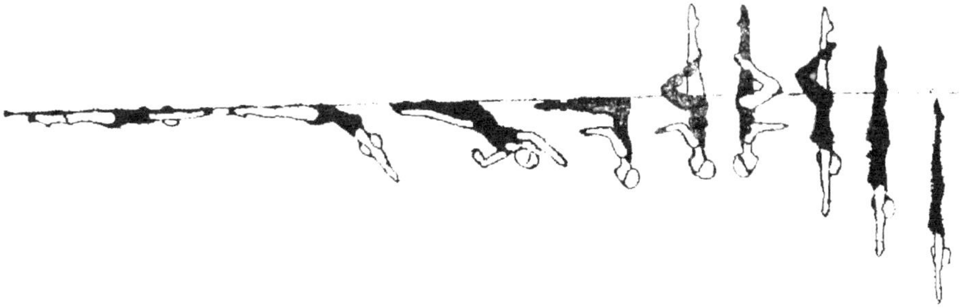

图 5-16　信天翁旋转 180°倒立时身体在一条直线，难度系数 2.0

(2)头应一直与脊柱成一直线。

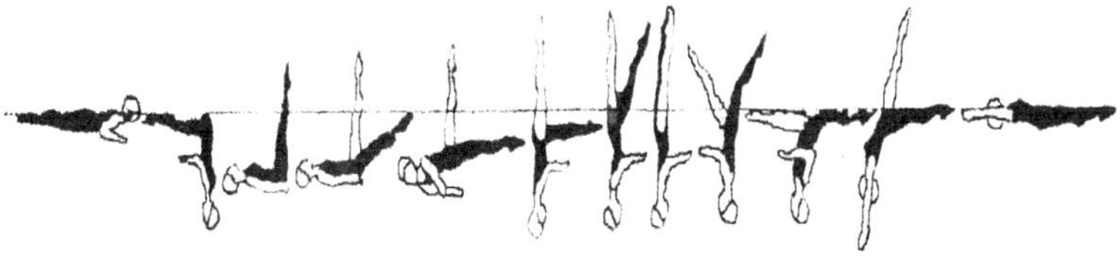

图 5-17　“萨比拉克”展开 180°头与脊柱的关系，难度系数 2.0

(3)除非特别说明，所有动作在空间和时间上运动相等，在连接动作的串联下匀速运动。所有的动作连同连接动作均以特定的开始姿势开始并以达到特定的结束姿势完成。

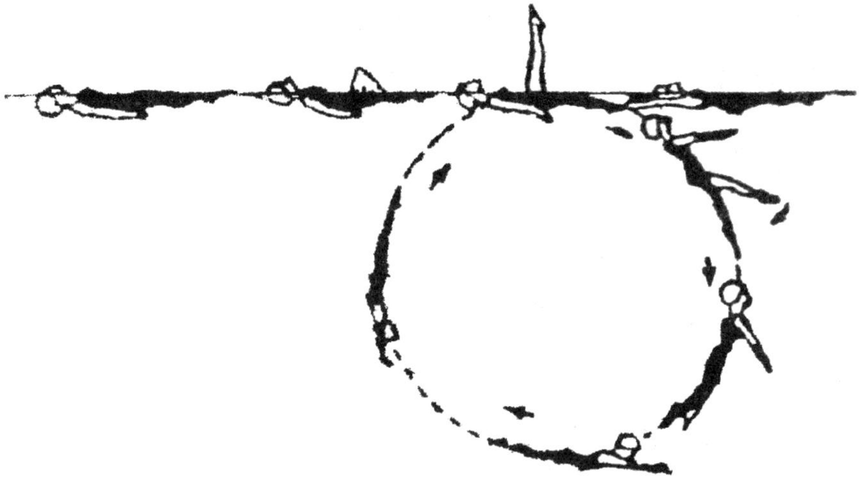

图 5-18 “脚向海豚”单芭蕾腿,难度系数 1.8

(4)评判身体在水面的垂直高度时,应考虑髋关节与水面关系。

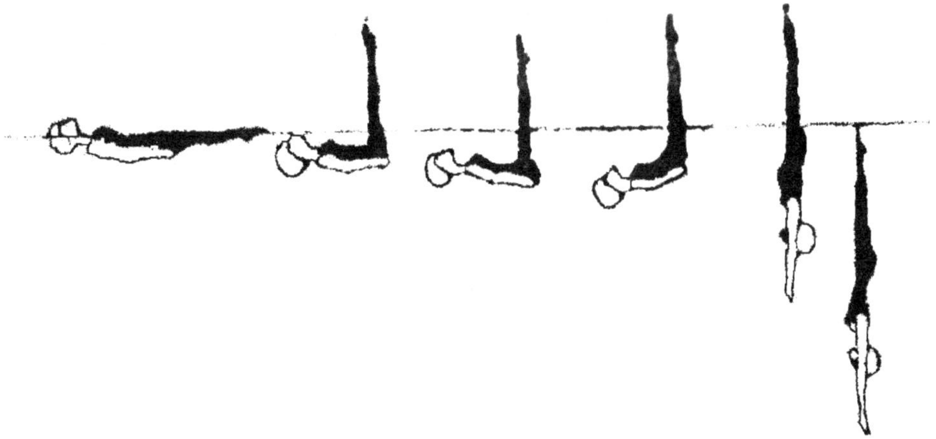

图 5-19 “梭鱼式”髋关节与水面平行,难度系数 1.8

(二)得分的计算

1. 个人的计算

评分方法:规定动作运动员的得分从 0 ~ 10 分,用 0.5 分为单位计算。

表 5－1　规定动作得分档次

失败	0
不好	0.5－2.5
不圆满	3－4.5
普通	5.0－6.5
好	7.0－8.5
最好	9.0－10

规定动作比赛的实得分是以裁判员所出示的分数，取消最高分和最低分后，将剩下的 5 个或者 3 个分数相加，用 5 或 3 除以总和，得出平均数，再乘以难度系数。例如，动作“卡塔里纳”，5 个裁判给出的分数为 5.5、5.0、6.0、6.5、6.5，去掉一个最高分和一个最低分，总分除以 3，得出平均数 6，乘以难度系数 2.2 得 13.2，那么 13.2 就是这个运动员在规定动作“卡塔里纳”的最后得分。

2. 总分的计算

单人规定动作得分——每个花样动作的得分的累积就是个人总分。

双人规定动作得分——先算出每个花样动作的累积分，将两人的累积分相加，求出两人平均分，就是双人动作的得分。

集体规定动作的得分——将参加集体项目的每个运动员的个人动作得分相加，除以参加队员的人数，求出平均数就是集体动作的得分。[1]

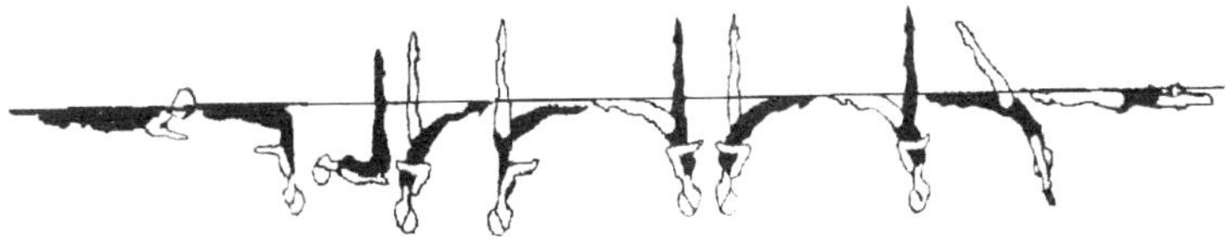

图 5-20　加维亚太式，难度系数 1.8

二、自选动作

（一）基本规定

1. 参与人数

自选动作比赛要求在规定的时间内自由选择动作表上的任何动作进行组合。包括单人、双人和集体三个项目，集体项目至少 4 人，最多 8 人。

关于替补队员。个人项目不允许有替补，双人项目允许有一名替补，集体项目

① 国家体育总局游泳运动管理中心审定. 花样游泳竞赛规则（1985）［M］. 人民体育出版社出版，1985.09

允许有2名替补运动员。

2. 音乐使用

参加比赛用的唱片或者录音带要贴上标记、表明姓名、单位和速度。运动员有权在比赛前对音乐进行测试。伴奏和裁判工作以裁判长所给信号开始。信号发出，运动员应开始做动作，不得中断。

3. 比赛时间

包括岸上动作20秒，限定如下表：

表5-2 自选动作时间限定

个人项目	3分30秒
双人项目	4分
集体项目	5分
在规定时间范围内容许误差15秒	

计时应以伴奏开始和结束为准。计取岸上动作时间应以最后一名运动员离开岸池为止。整套动作既可以在岸上开始，也可以在水中开始，但必须在水中结束。

(二)评分标准

节奏随意，选用的音乐和动作以及舞蹈均不限。从完美的角度考虑以下几个方面：游泳动作、造型及其衔接，整套动作的变化、难度及在池中形成的图形，音乐的解释及动作呈现方式，运动员之间及其与音乐之间的协调一致。

(三)总分的计算

每个自选动作结束时，裁判员应该把给分记录在竞赛委员会提供的记分表上，由联络员收集所有的记分表，裁判员在得到裁判长发出的信号后，立即显示给分。

在自选动作中，运动员可以得到0~10分，用0.1分为单位计算。其中包括技术价值(Technical merit)得分的60%和艺术印象(Artistic impression)分的40%。例如在双人比赛中，5个裁判员分别给出以下分数：

表5-3 两个运动员的技术价值和艺术价值得分

	甲运动员		乙运动员	
	技术价值	艺术价值	技术价值	艺术价值
裁判一	8.1	9.1	8	9
裁判二	7.8	8	8	9
裁判三	7.9	7.7	8	8
裁判四	7.5	7	7.5	7.5
裁判五	7.5	7.5	7.5	7.5

计算过程：

表 5－4

		甲分数乘后结果		两项和		乙分数乘后结果		两项和
分别对技术价值和艺术价值分乘以60%和40%	裁判一	5.67	2.73	8.4		5.6	2.7	8.3
	裁判二	5.46	2.4	7.86		5.6	2.7	8.3
	裁判三	5.53	2.31	7.84		5.6	2.4	8
	裁判四	5.25	2.1	7.35		5.25	2.25	7.5
	裁判五	5.25	2.25	7.5		5.25	2.25	7.5
	总分	去掉两项和中最高分和最低分之和乘以5除以3(7人裁判除以5)的23.05						23.8
	最后成绩				两者相加除以二的23.38			

小知识：

什么是花样游泳的艺术印象？

艺术印象是指对动作组合的整体感觉。评判艺术印象的裁判观察运动员动作组合的创造性和多样性。他们要看运动员动作的连贯性以及动作是否表达出音乐所表现的心境变化。

常规表演和自由表演分别乘以0.35和0.65，两项相加，即是最后得分。

三、处罚

在花样游泳中既有加分，也有因为违反各种规定而做出的扣分。

（一）以下犯规给予扣除1分的处罚。

1. 岸上动作超过了规定的20分钟。

2. 在自选动作中，没有按照规定的时间完成动作。

3. 运动员在自选动作的比赛中做花样游泳动作时，有意利用池底。

4. 在自选动作比赛时岸上动作中断，又重新开始。（如果因为意外原因非运动员能控制，不处罚。）

（二）如果有以下犯规情况，从动作实得分中扣除2分。

1. 如果运动员表演的花样游泳动作与副裁判长宣布的不一致时扣除2分，但允许运动员按照宣布的花样动作重做。

2. 运动员停止并请求重做原花样动作。

3. 如果运动员再犯同样错误该花样动作不予评分。

（三）在比赛中，如果一名或一名以上运动员在完成动作以前离水，判该动作失败（意外情况除外）。

（四）在比赛中，如工作人员指出运动员的服装不得体，不雅观，而不听从劝告者，可取消其资格。

第二节　裁判人员职责

裁判员数量及职责安排

（一）裁判长 1 名

裁判长在大会领导下全面领导和分配全体裁判员的工作。裁判长有权处理有关比赛事宜，指导裁判人员工作，确定运动员是否准备就绪，发出开始伴奏的信号，指示记录组处罚犯规的运动员以及在公布成绩前审定所有的评分。

（二）副裁判长 2 名

副裁判长协助裁判长领导裁判工作。

（三）每一裁判小组由 5 人或 7 人组成

（四）评分规则

前面已经提到了如何进行对规定动作和自选动作的评分。现在来介绍下评分的要求。

1. 在自选动作中，裁判员应该把给分记录在由竞赛委员会引发的记分表上。记分表应在显示成绩之前汇集，并存查备用。

2. 裁判长发出给分信号时，裁判员要显示自己的得分。

3. 如果一名裁判不能到场，那么其他 4 名的平均分将作为他的给分。

4. 在特殊情况下，裁判长有权更换裁判员。

5. 记录员应首先分别记录运动员得分，然后做出必要的计算，得出比赛总分，及时公布。

6. 计时员要计取完成整套动作的时间（也要计取岸上动作的时间），并把时间记录在成绩单上。如果运动员超出时间要向裁判长汇报。

附　录

专业词语中英文对照说明

跳水:diving

大英博物馆:The British Museum

跳水表演:exhibition diving

美学特点:aesthetic features

体型美:somatic aesthetics

技术美:technique aesthetics

难新美: difficult & innovative aesthetics

连接美:connective aesthetics

艺术表现美:artistic aesthetics

节奏美:synchronous aesthetics

心理:psychology

心理素质:psychological quality

高空跳水:high - altitude diving

跳板跳水:springboard diving

跳台跳水:platform [high] diving

双人同步跳水:synchronized [pair] diving

悬崖跳水:cliff diving

跳水运动员:(fancy) diver

跳板和跳台:springboard and platform

单人:individual

双人:synchronization
三米板:three-metre springboard
三米台:ten-metre platform
世界游泳锦标赛:FINA World Championships
国际泳联跳水世界杯赛:FINA World Cups
身体形态:posture
柔韧:pliable and tough
力量:strength
速度:speed
体能:fitness
预赛:preliminary wntest
决赛:final
半决赛:semifinal
淘汰赛:elimination game
向前:forward
向后:back
反身:reverse
向内:inward
转体:twist
臂立:armstand
直体:straight
屈体:pike
抱膝:tuck
任意姿势:free
飞身:flying
跳水规则与裁判:diving events rules
规定动作:compulsory (dive); required dive
自选动作:optional [voluntary] (dive)
跳水难度表:diving table
跳水动作名称:denomination of dive
有难度系数限制的跳水动作:dive with limit
无难度系数限制的跳水动作:dive without limit

试跳:attempt; trial dive
失败:fail; miss
重跳:repeat a dive
重做开始动作:re - start
评分:evaluation
很好(8.5 ~10.0 分): very good
好(6.5 ~8.0 分):good
较好(5.0 ~6.0 分):satisfactory
普通(2.5 ~4.5 分):deficient
不好(0.5 ~2.0 分); unsatisfactory
完全失败(0 分):completely failed
跳水动作:dive
难度系数:coefficient [degree] of difficulty
高难度动作:highly difficult dive; stunt; stunner
动作号码:number of dives
跳水姿势:carriage; bearing
倒下跳水:fall dive; sailor's dive
立定跳水:standing dive
立定起跳:standing takeoff
跑动[助跑]跳水:running dive
反身翻腾: full gainer
臂立向后:armstand back full
臂立翻腾:armstand somersault
花样游泳:synchronised swimming
造型美:model aesthetics
编排美:arrangement aesthetics
场地、设施与运动员装备:swimming pond & equipment
鼻夹:nose clip
规定动作:figures
自由自选动作:free routine
技术自选:technical routine
自由自选组合:combination

耐力：fitness

健身价值：fitness value

美学价值：aesthetic value

商业价值：commercial value